云南百位历史名人传记丛书

中共云南省委宣传部◎编

云南出版集团

云南人民出版社

图书在版编目（CIP）数据

传奇诏王——阁罗凤 / 赵启燕著. -- 昆明：云南人民出版社, 2016.8

（云南百位历史名人传记丛书）

ISBN 978-7-222-15034-8

Ⅰ. ①传… Ⅱ. ①赵… Ⅲ. ①阁罗凤（712–779）–传记 Ⅳ. ①K828.7

中国版本图书馆CIP数据核字(2016)第187390号

出 品 人：李　维
　　　　　胡　平
责任编辑：和晓玲
　　　　　杨　涓
装帧设计：马　滨
责任校对：霍　红
责任印制：马文杰

书名　传奇诏王——阁罗凤
作者　赵启燕　著
出版　云南出版集团　云南人民出版社
发行　云南人民出版社
社址　昆明市环城西路609号
邮编　650034
网址　http：//ynpress.yunshow.com
E-mail　ynrms@sina.com
开本　889mm×1194mm　1/32
印张　5.375
字数　110千
版次　2016年8月第1版第1次印刷
印刷　昆明卓林包装印刷有限公司
书号　ISBN 978-7-222-15034-8
定价　20.00元

如有图书质量及相关问题请与我社联系

审校部电话：0871-64164626　印制科电话：0871-64191534

云南百位历史名人传记丛书

编委会名单

总 序

丛书编委会

历史长河浩浩荡荡！中华文明自滥觞至汇聚千流，涵纳万水，奔腾迭起，云蒸霞蔚，延五千年之长史，至今生机勃然，是迄今世界上唯一保持完整且衍传有序、光耀于人类的伟大文明。

习近平总书记指出：一个国家、一个民族的强盛，总是以文化兴盛为支撑的。中华民族是具有非凡创造力的民族，我们创造了伟大的中华文明，实现中华民族伟大复兴的中国梦，必须弘扬中国精神。以爱国主义为核心的民族精神，以改革创新为核心的时代精神，是兴国之魂，强国之魂。

云南，是祖国西南神奇、美丽、富饶的宝地，是中华文明中极具特质和创造潜力的丰美之乡。云南少数民族文化是中华民族文化的重要瑰宝。长期以来，云南大地上，各民族和睦与共，相濡相生，共同创造了色彩瑰丽、形态多元、底蕴厚重、影响深远的历史文化，为我们留下了珍贵的精神遗产。人，是历史的镜子，是历史最生动的环节，人民是历史的主人和创造主体。在人类历史的进程中，一个个不同时期的代表人物产生过一些不同的影响。“云南百位历史名人传记丛书”就是这样一丛历史的记录，一百位历史名人，虽未必尽能概全，各位历史人物的代表性也不尽相同，但都是“追梦人”，是振兴民族伟大理想的传薪人、探索者和实践家。

在这些代表人物中，无论是拓土开疆的将帅勇者，还是蹈海酬志的大国使节；无论是志于传播文明的鸿儒巨擘、先哲贤士，还是为民族独立解放而高歌猛进、慷慨捐躯的群雄英杰，都贯注了这一重要精神。正是以他们为代表的云南各族人民创造并抒写了可歌可泣的英雄史章，熔铸了坚韧不拔、奋为人先、包容博大、敢于担当的精神品质，才使云南在中华文明的长史中闪耀着特有的光辉。尤在近代中国，在辛亥护国风云中，在反对外辱保卫祖国边疆维护民族尊严、抗击日本法西斯侵略中，云南站在历史前台，以中华群雄的不屈身影演出了一幕幕豪迈悲壮的历史大戏，也更涌现了一批足以彪炳史册、光照后人的杰出人物。这一切，给予中国历史进程深远的影响。

今天，实现中华民族伟大复兴之梦，谱写富民强滇中国梦的云南篇章，需要以中华文化发展繁荣为重要条件，这就需要接续这一光荣而伟大的精神传统，在继承中创新，在创新中发展，在发展中超越。云南正处于一个新的历史起点上，需要大力挖掘历史文化资源，聚合更强大的精神动力，为推动我省科学发展、和谐发展、跨越发展凝心聚力。为此，我们组织省内外专家学者编写出版了“云南百位历史名人传记丛书”。这对加强我省各族人民，尤其是青年一代对历史的了解、认同，爱国爱乡爱民并甘于奉献，对提升优秀精神品质，形成团结奋斗的共同的思想基础，坚定推进富民强滇的信心和决心，显然有着重要的现实意义和切实的助力。

一百位历史人物，所处历史时期并不相同，其历史作用也有差异，甚至就个人的全面历史评断方面也难以等量趋同。但我们以为这些留存史迹的人物，所以传扬至今，为后世崇奉，均有他们共同的历史向度和价值取向，我们学习这些历史人物，至少应当着重于以下几个大的方面，即：“守大德、重大义、集大成、有大度、达大观”。

守大德，即恪守道德规范。“德者，本也。”（《礼记·大学》）“大德”既是国家民族的根本利益所在，也是中国文化中最核心的价值理念及标准。古语“行德则兴，背德则崩”，不仅是资政经验，也是个人修习完善的根基。所谓“厚德载物”，直观的理解，就是如果德行浅薄，是不能兴物成事，更不能造就伟大功业的。云南历史文化名人，大多以德立身，大节不移，并对此恪守坚定，一以贯之；始终保持正确信念和理想，并为之奋斗到底。这是我们首先要学习尊崇的。

重大义，即以国家民族利益的需要为个人行为取舍的标准。有大义，才有大爱。这些先贤无不爱云南爱乡土，以兴业乡梓、造福一方为己任。尤在国家民族命运攸关、生死存亡的关头，这些令人崇敬的先辈，大义擎天，逢难不避，敢于担当，责无旁贷，勇往直前，不惧牺牲。一个心存天下大公的人总会在不经意的一瞬决定大义的选择，这是社会进步的希望所在，更何况实现中华复兴的伟大梦想，还有很多异常艰危的事业在等待我们去克难攻坚。所以，举凡大义、为民为国、全身而进的精神是我们应当效法崇尚的。

集大成，“知类通达，强立而不反，谓之大成”。这些历史人物留下的足迹，予人深刻启迪。他们无论是出将入相，还是布衣一袭，均勤学不辍，求索不止，在追求真理和知识的道路上刻苦务实，义无反顾，永无终期，故能成大器，胜大任，不辱使命。今天，世界进入知识信息时代，软硬实力决定一个国家能否赢得发展机遇，乃至自立于强国之列的地位。其紧迫性不亚于先辈梦想中国富强的百年期许。但今天所谓“集大成”，是更高更大更具有生存挑战性和发展战略性的，是集世界之“大成”，集政治经济、科技文化、制度建设、社会发展等一切领域“总成”，玉成中国梦的空前伟大的事业。所以，先人刻苦自律、博学精进的学习精神我们应当秉持继承。

有大度，即要有开放包容的胸怀。云南历史文化名人的一个共通品质，也是一个显著特点就是，即使身处僻远，总能破除狭隘与陋见，以宏大度量，兼容并包，接纳先进，吸收优异，团结一切可以团结的力量，聚合一切可以聚合的资源，总成一股创造历史的宏大动力，来完成伟大的事业。哪怕是割股舍己，也在所不惜。今天，云南要实现跨越式发展，保持开放包容的胸怀尤其重要。所以，先辈“天下云南”的大度我们应当弘扬光大。

达大观，即要眼观天下，达察全局，与时俱进，审时知变，敢为人先。推动云南社会历史进步的代表人物，无不目光远大，胸怀全局，对世界潮流、时代嬗变，都能审视洞悉，并欣然顺应规律，故能在历史转折的关键时刻做出正确选择，成就改天换地的一番伟业。古语有“小智自私”、“达人大观”，是将为个人谋私的小智谋与担当天下兴亡的大智慧尖锐对比而言的。否则，“其兴也勃焉，其亡也忽焉”。一个为民为国而应用心智的人，必然有达观天下的心怀，也由此激发潜能、超迈寻常，而使人生境界也更加美好而宏丽。遍观世界文明史，许多影响人类进步的伟大创新，正是以此为动力和起点的。今天，中国经济社会的快速发展，国家的日益强大，正为实现中华民族伟大复兴的中国梦开拓了无限广阔的道路，也为个人实现自身价值创造着更加富实的前景。所以，先辈们达观天下的精神我们应当引为楷模。

我们对志向高远、仰观天下、俯察民情、甘为路石、慨当以慷、求真务实的历史名人，心存景仰，并愿与千千万万的读者，尤其是青年朋友一道学习弘扬。

组织编撰"云南百位历史名人传记丛书"是一项重要的文化工程，编撰出版人员都做出了艰苦的努力，但由于众手修书，书稿层次不一，成书体例难以做到完全一致，对存在的不足敬请读者批评指正，我们将虚心接受，并在修订再版时一并吸纳修改完善。

目录//MULU

◆ 初识阁罗凤

◆ 初展头角少年时

◆ 天宝战争

目录//MULU

目录//MULU

初识阁罗凤

剑川石宝山有著名的南诏石窟。阁罗凤是南诏第五代王。走进石宝山，找寻阁罗凤出巡图，找寻这位传奇的诏主，在凝视着他威严而又和善的面容的同时，慢慢地走进他的世界，走进千年前那段辉煌的历史。

走进石宝山

石宝山位于云南省大理白族自治州剑川县境内，是中国南方陆上丝绸之路的要冲。西汉时期，张骞通西域，发现了从四川成都经云南而通往缅甸和印度的古道，称之为“蜀身毒道”。不仅如此，剑川也是茶马古道的必由之路。茶马古道南起普洱，经景谷、临沧、云县、南涧、巍山、大理、洱源、剑川、丽江、维西、香格里拉、德钦，进入西藏盐井（即乡城），到达拉萨。清代张泓在《滇南新语》一书中称：“剑处滇之极西，为进藏门户。”足见剑川地理位置的重要性。由于地理环境的优越性和重要性，马帮往来不断，商旅云集其间，山货药材集散，孕育了剑川绚丽多彩而又古朴厚重的文化。

石宝山是大理有名的旅游胜地，因“洞底有石钟鼓，击之有声”而得名。古往今来，石宝山曾经吸引过无数文人墨客到此游览，赋诗题词。我国明代著名的文人杨慎就曾经到过石宝山。他惊叹于大自然的鬼斧神工，触景生情，曾作《石牛诗》来赞美石宝山的景色，寄托自己的万千思绪：“怪石生来恰如牛，不知经历几千秋。风吹遍体无毛动，雨湿周身如汗流。牧童吹笛难入耳，丝鞭任打不回头。只因鼻孔无绳系，天地为牢夜不收。”同时，明代著名白族学者李元阳也曾经作诗这样形容过石宝山：“剑海西来石宝山，凌风千仞猿猱攀。岩唇往往构飞阁，崖窟层层可闭闤。恍疑片云天上落，五丁把住留人间。霜痕雨溜石色古，璙琳琅玕向足数。老藤穿石挂虚空，欲堕不堕寒入股。”这首诗至今仍铭刻在石钟寺后面的悬崖峭壁上，见证着石宝山走过的每一个春秋。

剑川石宝山

石宝山的景致吸引人，不仅是因为这里的地貌奇特，怪石嶙峋，形态各异，千奇百怪；也不仅是因为它春天绿树成荫、山花灿烂，夏季杜鹃绽放、马缨花殷红夺目，秋天多雨凉爽、满山红叶，冬季银装素裹、山茶争艳；当然也不仅是因为每年农历八月十五石宝山歌会人头攒动、歌声如潮，可以目睹白族独特的风情文化和白族民歌艺术。更为重要的是，走进石宝山，在苍翠的树林里穿行，能够看见其独有的石窟瑰宝——石钟山石窟。

被誉为“南天瑰宝”的石钟山石窟坐落在剑川县西南沙溪镇石宝山支脉，共分为三区十六窟，雕刻了一百三十九躯石刻造像。石钟山石窟作为表现南诏、大理国历史文化的石刻艺术在西南边疆独树一帜，成为与敦煌莫高窟、云冈石窟、龙门石窟相媲美的石窟群。

剑川石宝山

不仅如此，石钟山石窟也是研究南诏和大理国社会、历史、文化、宗教的重要史料，历来受到历史学家、考古学家的重视。我国著名学者凌纯声、方国瑜、李霖灿（台湾）、宋伯胤、马长寿、刘尧汉、李家瑞、江应樑、许云樵、徐嘉瑞、罗庸等均曾经撰写书稿、发表文章，从人类学、历史学、社会学、考古学、宗教学的角度研究过石钟山石窟，考证石窟群的雕刻年代，探讨石窟造像反映的南诏、大理国历史，分析石窟雕像的艺术价值，剖析南诏、大理国时期的宗教发展情况。他们的研究无疑大大丰富和推动了南诏、大理国历史文化的研究内容。

初识阁罗凤

走过石钟寺“南天福地”的石牌坊，沿着山路蜿蜒而行，首先来到石钟寺石窟群。这一区的第二号石窟群是整个石钟山石窟中人物造像最多的一窟，共有十六尊人物造像。远远望去，只见整龛石窟雕刻成殿阁式的建筑，帷幔高悬，尽显华丽、端庄。石窟正中坐着一位南诏国王，他盘膝端坐于龙椅之上，衣服与汉族服饰大略相同，为圆领左衽宽袖长袍，服饰纹理繁缛、线条优美，唯头饰稍异，戴金刚宝塔巍峨高冠（南诏时期称之为“头囊”），双手纳入袖中，面盘圆润，眉目端庄，身躯伟岸，神态温良，尽显王者的气度和风范。他的左右则是护卫和侍奉的武士、侍者不等，共有造像十五尊。

这么一幅生动、庄重而又宏大的宫廷场景，端坐正中的究竟是南诏国时期的哪一代国王？而这一位年轻而又沉稳的王者，他在南诏数百年的历史中曾经演绎着怎样的故事，创造了怎样的传奇，又谱写了南诏历史上怎样扣人心弦的篇章？我想，这也许是大多数游览石宝山，看到这一龛石窟的游客心中的疑问和遐想。

事实上，历史学家早已为我们揭示了答案。著名历史学家方国瑜先生结合石窟造像，钩沉历史典籍，考证王者造像左六人、右七人中，左边有武士二人手执大旗，右边有武士三人，同时，左右又各有侍者一人，手执执

阁罗凤出巡图

扇。又左右各一人，握剑而立，仪仗整齐，声势宏大。不仅如此，石窟中还有一位更为重要的人物，即王者右侧的坐僧造像。僧人身披袈裟，趺坐榻上，左手持念珠一串，右手做数珠状，身后有曲柄伞，有一人持瓶而立。根据《南诏野史·阁罗凤传》的记载，阁罗凤曾有一位弟弟出家为僧，即阁陂和尚。唐天宝九年（公元750年），剑南节度使鲜于仲通战败于西洱河之后，南诏王遣阁陂和尚等与吐蕃结好。传说阁陂有神术，人马往来吐蕃，不过朝夕之间。方国瑜先生据史料记载，考证石窟中的僧人造像为阁陂和尚，而王者即南诏史上赫赫有名的诏王阁罗凤，而这一龛石窟也因此被命名为“阁罗凤出巡图”。

原来这就是南诏历史上的第五代王——阁罗凤。凝视着这一龛石窟，凝视着阁罗凤与群臣出巡议政的场景，脑海中浮现的是他辉煌而又传奇的一生：扶助父亲皮罗阁统一洱海地区，进而进军滇池流域统一云南；拓东、开南、镇西、宁北，拓展了南诏国的疆域和版图；学习先进的汉文化，吸纳人才，设官建制，管理王国；立德化碑，说明他不得已而叛唐的缘由，表达他归唐的诚挚愿望。他的白妃展帕而笑，打败唐军；他的重要谋士阁陂和尚，往来吐蕃，只在朝夕之间；三次天宝战争，他结好吐蕃，成为吐蕃“赞普钟”（即兄弟），联合吐蕃大军，大败唐军，致使唐兵死伤无数、元帅沉江；掩埋战死的唐朝官兵，他立万人冢祭拜亡灵，感叹：“生虽祸之始，死乃怨之终。”

阁罗凤出巡图（细节）

可以说，阁罗凤的一生是辉煌的，又是充满了传奇色彩的。走进石宝山，沿着郁郁葱葱的山林蜿蜒而行，来到石钟山，看到这一龛石窟，凝视阁罗凤和他的群臣，凝视他的神态，想象他的思绪，似乎仅仅只能算是初识阁罗凤，在脑海中留有关于他的轮廓和影像，而他的传奇、他的战功、他的思想、他的远见卓识，尚沉淀在古老的历史典籍之中。

初展头角少年时

阁罗凤出生显贵，自幼崇尚汉唐文化，熟读汉文典籍，他文武双全，少年得意，辅助父亲皮罗阁吞并五诏，进军爨地，建立南诏国，开创了云南统一的大好局面。

显赫的家世

早在公元七世纪，滇西洱海周围逐渐兴起了六个较大的部落，分别为蒙舍诏、蒙巂诏、越析诏、邓赕诏、浪穹诏、施浪诏，他们属于同一个族类——乌蛮。在六诏中，由于蒙舍诏在诸诏之南，因此又称之为南诏。除此之外，还有白崖城的时傍和剑川矣罗时二诏的后裔，也同为乌蛮，故又称为八诏。

蒙舍诏的祖先本为哀牢夷之后，因为避乱迁移到今天的大理白族自治州巍山县一带，并逐渐发展壮大，成为蒙舍诏。同时，因为居住在蒙舍，故以蒙为姓氏。蒙舍诏的祖先名为蒙舍龙，生子迦独。迦独生子细奴罗。细奴罗躬耕于巍山山麓，他壮大部落，发展蒙舍诏的历史神秘而又充满故事性，据说是得到了梵僧的点化和诸神的帮助。珍藏在日本京都友邻博物馆的《南诏史画卷》中曾经

苍洱风光

记载，细奴罗父子在田间劳作时，他的母亲梦讳和妻子浔弥脚到田里给他们送饭，路上遇到一个乞食的梵僧。她们将饭食赠送给梵僧，复回家重做。再到田间时，又遇到那位梵僧乞食。如此复三，婆媳二人始终如一，热情地将饭食馈赠给梵僧。梵僧遂点化了细奴罗。此后，细奴罗的部众日益增多，势力逐渐增强。不久之后，细奴罗在巄屽图山下兴建了巄屽图城，自立为奇王。这一时期，由于云南国国王张乐进求的逊位，他将王位禅让给细奴罗，使得蒙舍诏的势力更加强大。

与其他五诏相同，蒙舍诏诏主也实行父子连名制。细奴罗生子罗晟，罗晟生子晟罗皮，晟罗皮生子皮罗阁，皮罗阁生子阁罗凤。

关于阁罗凤的身世，由于史书中还有另外一种说法，也就成为阁罗凤出生的另一个小插曲。据《南诏源流纪要》的记载，罗晟死后，继位的是他的长子炎阁。当时，由于炎阁没有子嗣，曾经以他的胞弟晟罗皮的孙子阁罗凤为嗣。不久之后，由于炎阁早逝，其弟晟罗皮即位。晟罗皮死，子皮罗阁即位。皮罗阁死，子阁罗凤袭位。

按照《南诏源流纪要》所载，似乎阁罗凤曾经以孙子辈的身份为其祖父晟罗皮长兄炎阁的子嗣。这样看来，似乎有些让人难以理解。加之，除了在《云南志》《滇载记》等史书中有所涉及之外，也没有其他史料，特别是正史资料和考古资料作为证据，这段记载也就无法得到清楚的考证，从而更加让人质疑和迷惑。然而，只要不纠结于史料的只字片语，不难看出，无论阁罗凤的成长背景中是否有这么一段故事，他的出生显赫不言而喻。同时，也不论阁罗凤是否曾经为炎阁的继子，最终由他继承大统，成为蒙舍诏诏主却是历史的必然选择。

阁罗凤的父亲皮罗阁于唐玄宗开元十六年（公元728年）即位，他开创了蒙舍诏发展的一个新的辉煌时期，也为他的后继者阁罗凤统治南诏国奠定了坚实的基础。

当时，由于青藏高原上兴起的吐蕃王朝日渐强盛，不断南下侵扰洱海地区，威胁到唐朝廷在这一地区的统治。不仅如此，这些地区的其他部落如邛部、勿邓部落等等时叛时服，不断制造麻烦，也让唐中央王朝困难重重，难于控制。为了抗御吐蕃的侵扰，中央王朝扶植与唐

大理古城南门

亲善的蒙舍诏，旨在维护唐朝在这一地区的统治，并在洱海地区建立起一道坚固的防御屏障，抵御吐蕃侵扰。

开元二十六年（公元738年），唐廷下诏，授皮罗阁特进，封为越国公。不久之后，皮罗阁因为破洱河蛮有功，又被册封为云南王。唐朝皇帝李隆基专门给皮罗阁赐名“蒙归义”。

皮罗阁到长安接受封赐后，回到洱海地区。他继续励精图治，在南诏推行佃人制度，结束了奴隶原先悲惨的生活。南诏农事发达，工商业也逐渐发展起来，呈现出一派欣欣向荣的景象。皮罗阁是一位具有雄才大略的诏王，他的目标不仅仅只是偏安于南诏蒙舍一隅，而是希望开拓蒙舍诏的疆土，把蒙舍诏的版图扩大到洱海地区，进而扩大到整个云南。事实上，皮罗阁在与吐蕃交战的同时，就已经谋划着统一洱海地区。他贿赂时任剑南节度使的朝廷官员王昱，请求代奏将六诏统一。在唐朝廷的支持下，皮罗阁吞并其余五诏，统一了洱海地区。蒙舍诏军事征讨、兼并其余五诏的历史，经过时间的沉淀，逐渐演变成火烧松明楼的故事，至今仍然广为流传。从此，洱海地区不再有蒙嶲诏、越析诏、邓赕诏、浪穹诏、施浪诏的名字，原先蒙舍诏的称呼也渐渐淡出人们的视线，代之而起的名称是：南诏。而此时，南诏的内涵也不再表示原先在诸诏之南的意思，而是赋予了全新的含义，它不仅包括蒙舍一诏，还包含了其余五诏，意指已经被皮罗阁统一了的整个洱海地区。

初展头角少年时

阁罗凤，又称觉乐凤，生于唐玄宗先天元年（公元712年）。阁罗凤不仅出生显贵，而且天赋异禀，自幼聪慧灵秀，异于凡人。

随着年龄的增长，阁罗凤的聪明俊秀更加彰显。从小时候起，他就热爱读书，勤奋学习，而且不读非圣之书。他曾经告诉自己的父亲，自己苦读圣贤之书，就是要学习圣人治国安邦的思想。

阁罗凤自小胸怀大志，他希望通过勤奋的学习，不断增长知识，吸纳汉文化的精髓，累积治国理政的理论经验。不仅如此，他在开蒙学习之后不久，就自己尝试着管理自己的侍从，进而要求父亲给他配置军队，以便学习管理自己的部众。由于当时阁罗凤尚年幼，父亲皮罗阁曾劝阻他说："儿子，你尚且年幼，需要先学好圣贤之书，只有等长大之后，才能指挥军队。"但阁罗凤却引经据典回答父亲："读书固然重要，但书本的经验也需要在实际中来考证。只有一边不断勤奋读书，吸收圣人书本中的思想精华，一边加以实践，加以运用，才能更好地掌握这些治国安邦的思想。空学不练，不过是纸上谈兵。"对于年幼儿子振振有词的辩解，皮罗阁大感欣慰。他抚摸着儿子的后颈，语重心长地说："你有如此见地，为父深感慰藉。但治理国家并非易事，虽然你说既要读圣人之书又要加以实践，加以考证的看法，父亲表示赞同，但也不能急于求成，一蹴而就。你要在勤读书之余，多向朝中文臣武将请教，他们是你的叔叔伯伯，无论实践和经验都甚为丰富，记住，谦虚谨慎才能成大事。这样吧，为父先给你一支五十人的军队，让你用于练习。等你年纪再长些，父亲一定让你披甲上阵，指挥万马千军。”阁罗凤自信满满地告诉父亲：“谢谢父亲，儿子一定不会让您失望的。”就这样，从管理侍从开始，从指挥五十人的军队入手，阁罗凤在治学与实践中慢慢成长，他沉醉于汉文典籍中圣人治理国家、重视农耕、重视人才的种种思想，又不完全照本宣科，而是在实践层面学习治理国家、管理子民的有效方法，不断在学习父辈的经验中成长，又不断在实践尝试中成熟。

随着年龄的增长，阁罗凤早在幼年时期就展示出来的军事才能也逐渐发展。他胸襟开阔、机智沉稳。皮罗阁欣赏儿子的才能，看着儿子一天天成长，从原先的张扬逐渐成熟。他不耻下问，向臣下虚心求教治国治军的方法和经验；他挑灯夜读，总结思索圣贤的思想精华；他治军严明，对军士赏罚分明，让人心悦诚服；他一视同仁，与下级士兵把酒言欢，甚得人心；他扶犁耕地，在田间学习农事；他外出考察，熟悉地区工商。每每听到有关儿子成绩的捷报传来以及老百姓的称颂和赞扬，让皮罗阁倍感欣慰，他终于放心地把军队的核心指挥权交给了阁罗凤。

尽管年轻，但阁罗凤的卓越才能也得到了唐朝的赞誉和封赏。在册封父亲皮罗阁的时候，唐中央王朝也册封阁罗凤为大唐右领军卫大将军，兼任阳瓜州刺史。

年轻时代的阁罗凤可谓少年得志、意气风发。

辅助皮罗阁统一洱海地区

统一洱海地区不仅符合唐中央王朝在洱海地区扶植亲唐势力，建立巩固的屏障，以防止吐蕃势力南下侵扰的政治意图，而且也吻合了蒙舍诏势力日渐强盛，亟待扩展领土的需要。

于是，蒙舍诏诏主皮罗阁在唐中央王朝的支持下，利用其他五诏的内部动乱与矛盾，揭开了统一洱海地区的序幕。而在这一场轰轰烈烈的吞并与抗争、统一与纷争的历史进程中，阁罗凤作为皮罗阁的儿子，不仅亲自参与了统一洱海地区的进程，而且显示了他卓越的军事才能。他辅助父亲、积极参战、得心应手、运筹帷幄，为蒙舍诏统一洱海地区立下了赫赫战功。

皮罗阁首选的征服对象是与蒙舍诏相毗邻的蒙巂诏，蒙巂诏是六诏中最大的一个诏。诏主巂辅首死后，因没有子嗣，其弟佉照阳继任诏主之位。佉照阳死后，子照原承袭诏主位。而照原先天失明，难以治理蒙巂诏，于是给了皮罗阁可乘之机。原先，照原的儿子原罗在蒙舍诏为质子，皮罗阁遂将其放归蒙巂诏，让部众改立原罗为诏主。不久，皮罗阁派人刺杀照原，将原罗逐出部落，轻而易举、不费吹灰之力就吞并了蒙巂诏。

越析诏，又称之为磨些诏，位于今天大理白族自治州宾川县一带。越析诏诏主为波冲。由于越析诏豪酋张寻求与波冲的妻子有染，遂阴谋杀害了波冲。其后，剑南节度使王昱派使者将张寻求召至姚州斩首，而越析诏也因为没有诏主而被蒙舍诏乘机吞并。

不久，波冲的侄子于赠拿着已故诏主的宝剑铎鞘，率领其余部众往东北而去，渡过泸水，在龙佉河边安置部众，逐渐稳定下来。这个地方广袤百里，称为双舍。同时，于赠还派部落豪酋杨堕居于洱河东北，威胁蒙舍诏的稳定统治，成为蒙舍诏的一个隐患。为了扫平于赠的势力，皮罗阁曾多次发动战事，但均以失败告终。

这样的纷扰让皮罗阁甚为忧虑。阁罗凤见到父亲为了越析诏的事情彻夜难眠，忧思烦恼，甚为担心。他一方面挂怀父亲的身体康健，另一方面又深知如果越析诏的问题不彻底解决必定会后患无穷：既会让军队士气受到影响，也不利于接下来吞并其余各诏的计划实施。于是，阁罗凤向父亲请命，让他带精锐部队去解决越析诏留下的后患。他告诉皮罗阁："父亲，请让我带着自己的精锐部队去攻伐于赠吧。虽然这个人骁勇善战又充满智慧，但请父亲放心，儿自有计谋打败于赠。见到父亲如此忧虑，儿子万分担心，请让儿子为父解忧！"皮罗阁思量再三，他知道儿子自幼熟读各种圣贤之书，又有卓越的军事才能，让他带兵出击，既能锻炼他，又能让他树立威望。但是，阁罗凤作为长子，他的安危关系到自己百年以后本部落的兴衰存亡，因此，决不能让儿子有一点闪失。见到父亲为是否让自己亲征颇为踌躇，阁罗凤知道父亲的犹豫，他扶着父亲粗厚的手掌，跪在父亲面前，告慰父亲道："父亲，请不要为儿子担忧。真正的雄鹰要在广阔的蓝天才能展翅翱翔，真正的勇士也只有在战争中才能得到锻炼。请父亲让我去吧！我必定不辱父命！"皮罗阁为儿子的真诚和勇敢感动万分。他亲自为儿子斟了一碗酒，说道："阁罗凤，父亲为你感到无比骄傲。去吧，我的孩子！你是真正的勇士!父亲等你得胜归来，亲自为你庆功！"阁罗凤带着自己的亲信和精锐部队与杨堕数次激战，大败杨堕的军队。于赠四处逃难，最后被迫投泸水而亡。阁罗凤得胜回朝，受到了蒙舍子民的热烈欢迎。于是，越析诏也被蒙舍完全吞并。

而在这一场战争中，阁罗凤不仅为父解忧，大破越析诏余部，完全征服了越析诏，而且他还获得了一件绝无仅有的宝贝——越析诏的铎鞘宝剑。

根据史书的记载："铎鞘状如刀戟残刃。积年埋在高土中，亦有孔穴，傍透朱笴。出丽水。装以金穹铁汤，所指无不洞也"。虽然考古界至今仍然没有发掘出铎鞘，但从史籍的描述，可以想见铎鞘的锋芒：形如刀戟，饰以黄金，削铁如泥，锐不可当，是一柄无比锋利的宝剑。阁罗凤得到了这一件宝贝，十分欣喜，用锦帕再三擦拭后，小心翼翼地收好。此后，阁罗凤对铎鞘倍加珍视。每每领军出战，他手中所执的必是铎鞘。

而对于其余三诏，皮罗阁和儿子阁罗凤以及大臣们商议之后，则采取不同于以往的策略。

他们首先与邓赕诏结盟，驱逐大理平坝地区的河蛮。邓赕诏的诏主丰咩，起先居于邓赕（今大理白族自治州洱源县邓川镇一带），被唐御史李知古所杀。其子咩罗皮自立为邓川州刺史，将治所设在大厘城（今大理白族自治州喜洲镇一带）。

唐开元二十五年（公元737年），皮罗阁联合咩罗皮逐河蛮，占据了大和城。不久，皮罗阁转而进攻邓赕诏，大败咩罗皮。咩罗皮战败，率领残余部众逃往野共川（今大理白族自治州鹤庆县一带），邓赕诏遂为皮罗阁据有。

咩罗皮死，子皮罗邓立；皮罗邓死，子邓罗颠立；邓罗颠死，子颠文讬立。邓赕诏的余部聚居在剑川一带，与施浪诏余部、浪穹诏余部并称为“三浪诏”，部众被称之为“浪人”。

浪穹诏在今大理白族自治州洱源县一带，诏主为丰时。丰时死，其子罗铎立；罗铎死，子铎罗望立，为浪穹州刺史。与南诏的征战失败后，铎罗望带领余部远走剑川，更名为剑浪。

铎罗望死，其子望偏立；望偏死，子偏罗矣立；偏罗矣死，子罗君立。

施浪诏诏主施望欠居住在矣苴和城。其时，有八诏之裔的施各皮据石和城为主。为了防止施望欠与施各皮联合，皮罗阁下令儿子阁罗凤攻打石和城。阁罗凤领命以后，思量着如何攻伐才能取胜。石和城背靠点苍山，前临西洱河，有自然天险，易守难攻。阁罗凤经过深思熟虑，决定让一小股士兵化装后先进入石和城，然后伺机行事，先破城门。与此同时，大军在城门外同时发动进攻，前后夹击，内外呼应。只要城门一破，大军就可以长驱直入，势如破竹。阁罗凤派遣心腹带着士兵乔装顺利进城，这一个计谋取得了胜利。当蒙舍大军兵临城下的时候，施各皮毫不知情，还以为自己的城墙固若金汤，一定可以阻挡蒙舍的军队。大军进城，一战大败施各皮的军队。阁罗凤还亲自俘虏了施各皮。

不久，施望欠与邓赕诏诏主咩罗皮进攻南诏，试图通过联合作战的方式打击蒙舍，阻止皮罗阁统一洱河区域。然而，他们失败了。皮罗阁与儿子阁罗凤各执一军，相互配合，互为后盾，他们稳扎稳打，步步为营，经过几次战争，彻底打败了施望欠和咩罗皮的军队联盟。咩罗皮逃往野共川，而施望欠的部众则在皮罗阁的兵威下投降。施望欠被迫带着族人逃往永昌。皮罗阁亲自率军追击，蒙舍大军一直追到澜沧江边。施望欠无计可施，望着自己的妻儿面色疲倦，惶惶不安；望着与自己出生入死的下属寥寥无几，惊慌失措，他长叹一声道：“罢了，罢了。皮罗阁如此英武非凡，我自愧不如！”他让属下带着自己美丽的女儿去拜见皮罗阁，并转告他道：“皮罗阁诏主，我已经没有东山再起的雄心，也没有与你匹敌的良将。请看在我已经快要进入垂暮之年，放我们走吧！我没有什么可以献给诏主，唯有一位女儿，如今十五，温柔秀美，请让我把她献给您，让她随伺左右吧！”皮罗阁料想施望欠也再无反击之力，于是他接收了施浪诏公主，放过了施望欠。施望欠的弟弟望千则逃往吐蕃，吐蕃立他为新诏主，并让他在剑川逐渐发展。不久之后，其部众达到数万余人。望千死，子千旁罗颠立。

在此后的数年间，邓赕诏、浪穹诏和施浪诏的子孙部众聚居在剑川一带，一度控制着云南的西北部地区。直到贞元十年（公元794年）以后，阁罗凤的孙子异牟寻率兵亲征，才彻底解决了盘踞西北的三浪诏余部的问题，实现了南诏对云南西北部的完全和有效的控制。

公元738年，皮罗阁在儿子阁罗凤的辅助下，已基本统一了洱河地区。他们父子的成绩得到了唐朝的极大肯定，唐玄宗册封皮罗阁为云南王。开元二十七年（公元739年），皮罗阁将都城从蒙舍巃[illegible]图城迁往太和城（今大理城南），又在太和城南端建龙尾关（今大理下关），在城北建龙首关（今大理上关）作为防御攻势。

太和城背靠高耸险峻的点苍山十九峰，东临广阔无垠的洱海，易守难攻，地理位置优越而又险要。同时，又有上关、下关成为双翼，成为护卫防御关隘。此后，太和城逐渐发展成为南诏国的中心地区。

随着年龄的增长，阁罗凤逐步成熟，逐步沉稳。

他在辅助父亲统一洱海地区的一次又一次征战中得到了锻炼和提升，逐渐展示出他的军事才能和睿智的思想。同时，他也洞悉父亲心中的远大志向。他在心中暗暗发誓：一定要辅佐父亲成就大业，开创南诏的辉煌时代。

在辅佐父亲吞并五诏统一洱海地区的过程中，阁罗凤作战勇猛、功劳卓著，他的作为也被原原本本地上报到了唐中央王朝。唐玄宗看到有关阁罗凤的奏报，十分满意，边查阅边自语道："果真是虎父无犬子！阁罗凤年纪轻轻就如此有勇有谋，将来一定能成大器。今后有他们父子为朕守御西南边疆，吐蕃再想南下侵扰就不是易事了。"为了奖励阁罗凤，唐王朝相继封赏他为右领军卫大将军、左金吾卫大将军、特进都知兵大将军、上国柱等官职。

再助父亲进军爨地

完成吞并六诏、统一洱海地区之后，皮罗阁将视线转向云南省的东部，也就是爨氏的统治地区。

事实上，从东汉以来，直到隋代，爨氏一直是滇东地区的统治者。爨氏分为西爨白蛮和东爨乌蛮，西爨白蛮居住地域广阔，东北至曲州、靖州，西南至宣城，包括曲轭、晋宁、喻献、安宁至龙和城，城邑村落一个连着一个，漫山遍野都是牛羊马匹。而东爨乌蛮则聚居在曲州、靖州、弥鹿川、升麻川，南至步头一带。

唐贞观年间，中央王朝在边疆民族地区实行羁縻政策，设置羁縻府州，进行羁縻统治。唐朝先后在爨地设立了南宁州都督、昆州刺史、黎州刺史、求州刺史，此外，还有螺山大鬼主、南宁州大鬼主等职，任命诸爨的首领担任都督、刺史，对这一地区进行羁縻统治。当时，爨氏内部因为利益时常纷争迭起，冲突不断。而唐中央王朝开步头路和修筑安宁城则引起了诸爨的不满，这无疑给南诏干涉爨地事务，以便向东扩展势力提供了一个最好的契机。

公元八世纪四十年代，唐中央王朝下令剑南节度使章仇兼琼开步头路，试图打通从今四川，经过爨地，直到红河元江的道路。步头路的开通，不仅有利于控制爨氏之地，而且道通安南，有助于唐王朝对安南都护府（今越南）的管理和统治。然而，步头路的修筑触及诸爨的统治利益，引起了爨蛮诸爨的不满。

与此同时，唐王朝还下令修筑安宁城。安宁城的修建直接威胁到了爨氏对滇池地区的统治，因此引发群蛮骚动。他们击杀筑城使竹灵倩，毁坏安宁城。

面对爨氏的反叛与骚乱，唐朝廷委派云南王皮罗阁会同唐廷官员，代表中央王朝去干涉和处理，这就给南诏提供了一个有利的机会：借处理爨氏动荡为由，深入爨地，插手爨地诸事，积极谋划向滇池和滇东地区扩展势力。

皮罗阁遵照唐朝廷的要求，用武力迫使爨氏首领归顺降服。同时，他又代爨氏向唐朝求情，以免除爨氏叛乱之罪，这一场动荡才得以平息。此后，南诏与爨地的联系更加紧密，尤其是一部分爨氏的首领，对南诏的信任和依赖更为加强。

不久之后，两爨大鬼主爨崇道杀害弟弟爨日进，同时又阴谋杀害南宁州都督爨归王。归王的妻子阿姹本为乌蛮女，与南诏同为一个族类。于是，阿姹私下派部下到洱海地区向皮罗阁求援。在皮罗阁的运筹和帮助下，爨归王之子爨守隅继承父职，承袭南宁州都督。同时，为了挑动纷争，引起爨氏之间更大的矛盾，皮罗阁又采用了新的计谋，他将一个女儿嫁给爨守隅为妻，并将另一个女儿嫁给弑君者爨崇道的儿子爨辅朝为妻。爨氏之间的这次纷争与相互攻伐以爨崇道“内怀忿惋，外示和平”而暂时落下帷幕。

不久，爨氏内部短暂的平静与和睦很快再次被打破。爨崇道再次联合其他诸爨进攻阿姹母子。最终，皮罗阁挥师东进，兴师问罪，讨伐爨地，俘虏了爨崇道的整个家族，斩杀爨辅朝和爨崇道。

从此以后，诸爨势力日渐衰落，更加无法与南诏抗衡。南诏的统治势力深入爨地，至此，滇池流域也被囊括入南诏的统治范围，皮罗阁成为真正意义上的云南王。

在皮罗阁进军爨地的进程中，阁罗凤作为儿子和统率大军的将领，始终扮演着重要的角色。无论是征战爨地，抑或是调停诸爨矛盾，阁罗凤都作为重要一员积极参与其中，为父分忧，历练自己。

更为重要的是，在真正意义上解决爨地问题，结束爨地纷争，消除爨氏隐患的也是阁罗凤。由于熟读圣贤之书，阁罗凤深悉治国治民之道。他认为，虽然诸爨势力已经被削弱，但若不彻底解决，始终会成为一个祸患。为此，阁罗凤曾多次向父亲进谏，他说："父亲，尽管诸爨已平，爨地已经成为我们南诏国的领土，但是诸爨氏的根基在此，对于他们的实力依旧不可小觑。爨氏统治滇池流域一带已经有漫长的历史，要彻底拔除他们的根基绝非一朝一夕之间就能解决。请父亲慎重考虑。"当时皮罗阁早已在思考如何处置诸爨的问题。令他没有想到的是，自己尚未到而立之年，在自己看来羽翼尚未丰满的儿

大理古城西门（苍山门）

子就已经看到了解决爨地问题的关键所在。看着身长早已超过自己的儿子，皮罗阁感到无比自豪，他温和地问阁罗凤说："我已经在思考这个问题，但尚未想出有效之策。你有何想法？"阁罗凤轻轻皱着眉头说道："儿子还没有想出彻底解决的良策。不过，如果能让他们离开故地，无疑是断鱼之水，斩鸟之翼，如此他们也就再难成事了。"皮罗阁欣慰地笑道："你所言正合为父心意。爨氏统治当地数百年，历史久远，盘根错节，要彻底解决爨地问题，只有彻底消除他们复起的心思。你的想法有一定的道理，然而，如今诸爨刚平，若让他们离开故乡，大规模迁往他处，一来势必引发诸爨不满，二来我们也还缺乏这样的实力。如今，先把这个问题暂且搁置，等将来时机成熟再来解决，如何？"阁罗凤望着父亲已经有些斑白的双鬓重重地点了点头，他说："父亲不必忧心，儿子一定会解决此事。"他们的谈话就这样搁浅了下来，但阁罗凤心中一直没有忘记此事。皮罗阁死后，阁罗凤继承南诏王位。在思考解决爨氏问题的时候，他不由想起了当年与父亲的对话，心中默默念道："父亲，如今南诏的实力已经有所增强，解决诸爨迫在眉睫。儿子已经想好了解决之策：先将爨氏首领带回南诏国都为质，削弱爨氏实力，再将经济最为发达的西爨迁往他乡，摧垮爨氏复起的根本，如此，爨氏的问题就可以无忧了。"于是，阁罗凤将南宁州都督爨守隅和妻子召回河赕地区，从此隔绝了他们与唐中央王朝的联系，将其控制在自己的手中。爨守隅的母亲阿姹自立为乌蛮部落的新王，到长安朝觐，得到了丰厚的赏赐。

同时，阁罗凤还采取了一个更有力的措施来解决爨氏的问题。他派遣昆川城使杨牟利率兵到西爨地区，胁迫西爨迁移，将二十万西爨白蛮迁往永昌城。

离开故土，犹如鱼儿离开了清泉。阁罗凤的这一举措，使得西爨不仅仅是被迫迁移，而且也被迫离开了能够重新集结、重新发展的最坚实的根据地。这样一来，无疑从根本上削弱了爨氏的实力，彻底斩断了爨氏东山再起的念头和梦想。

而东爨乌蛮，则因为言语不通，并且多散居在山林和深谷，难以联合起来才得以留下，从而避免了被迁移的命运。

从总体上来说，爨地只余下一些散兵残部了。之后，尽管东爨乌蛮势力逐渐得到振兴，并且迁居到原先西爨居住的地区，与南诏之间也缔结了婚姻关系，但无论是对日渐强盛的南诏国而言，还是对雄霸西南边疆的南诏王阁罗凤来说，他们在很长的一段时间里，已经无力再掀起较大的纷争和动荡的波澜了。

总之，在皮罗阁即位，担任南诏王时期，阁罗凤作为儿子和臣子，尽心尽力辅助父亲，并吞五诏、筑城太和、率军征战、进军爨地，为统一云南立下了汗马功劳。而在这一次又一次的历练中，年轻的阁罗凤也得到了不断的提升和锻炼，积累了丰富的实践经验，体验了战争的运筹帷幄和决胜千里，学到了更多的治人和治国的方法和谋略，为今后统治南诏，开创云南发展的新纪元累积了丰富的经验，奠定了坚实的基础。

天宝战争

公元749年，阁罗凤继任南诏王位。由于唐中央王朝派驻边疆的官吏失心失德，引发了南诏与唐朝之间的冲突，进而演变为三次较大规模的天宝战争。阁罗凤数次向大唐申诉冤情无果后，发兵攻打唐朝。他结交吐蕃，借助吐蕃兵力，发动军民，上下一心，取得了三次天宝战争的胜利。此后，南诏在近半个世纪内脱离唐朝，北附吐蕃，进入一个相对独立的发展新时期。

继承王位，承袭南诏大统

唐天宝七年（公元748年），皮罗阁逝世。这时，距离他统一洱海地区刚刚十年，距离他平定爨氏之地，初步统一云南刚刚不久。

皮罗阁逝世，举国哀伤。作为儿子的阁罗凤更是伤心不已。他独自徘徊在长长的宫墙边，望着墙角外那湛蓝的天空，想象着父亲的音容笑貌，身影显得单调而寂寥。他回想起儿时父亲带着他驰骋山间，狩猎射鹰时的欢乐时光；回想起自己第一次进入军营，父亲让他从最低等的士兵开始做起时的严厉；回想起自己大婚时，父亲抚摸着胡子满心欢喜的神色；回想起自己第一次带兵打仗，父亲鼓舞中又隐带担忧的眼神；回想起自己受到大唐王朝的封赏，父亲那充满骄傲的爽朗笑声；回想起自己与父亲策马扬鞭，畅谈开疆拓土时的万丈豪情。可是，自己才辅助父亲统一云南，刚刚开创南诏国的大好局面时，父亲却匆匆走了。想起父亲对自己的谆谆教诲，阁罗凤不禁潸然泪下。他觉得尽管自己已过而立之年，但在治国安邦、管理民众上，却像一个在父亲扶持下刚刚才学会走路的孩子。他正是需要父亲的帮助，正是需要父亲的指点，正是需要父亲的鼓励，正是需要父亲的支持的时候，父亲却走了，留下伤心欲绝的母亲，留下悲痛万分的臣民，更是留下刚刚一统但尚未巩固稳定的南诏国。“父亲！父亲！”阁罗凤在心中默默地呼唤着。他抚摸着父亲的战马，摩挲着父亲的铠甲，凝视着父亲的画像，回忆着与父亲的点点滴滴。最后，目光停留在一行整齐的雪松下。这些雪松是当年从巍山迁都太和城的时候，父亲带着他亲手种下的。如今，数年过去了，当年那些在风中摇曳的雪松树苗已经茁壮成长。它们经过了一个又一个苍山积雪覆盖的寒冬，逐渐粗壮和挺拔。阁罗凤凝望着这些笔直苍翠的雪松，一遍又一遍地告诫自己：“要振作，要振作。一定要完成父亲的遗愿，开创南诏国全新的局面。”“父亲！父亲！请您放心，我一定会治理好南诏，做一个爱国爱民的好诏王。”

第二年（公元749年），阁罗凤即位，成为新一任的南诏王。他把对父亲的哀思和怀念默默地藏在心底深处，继承王位。这一年，唐中央王朝委派中使黎敬仪为使臣，持节出使南诏，册封阁罗凤承袭父亲蒙归义之职，为云南王。黎敬仪到达南诏后，向阁罗凤转达了唐王朝对皮罗阁逝世的痛惜以及对阁罗凤全家的慰问。

此时的阁罗凤已经逐渐从父亲逝去的阴影中走了出来，并在国事的处理中日渐稳重和成熟。他按照君臣之礼，恭敬地对黎敬仪说：“谢谢中使，谢谢大唐天子的问候。请转奏大唐天子，虽然父亲已经离去，但阁罗凤一定不辱使命，好好治理南诏，一定会让南诏成为大唐西南边疆的坚固藩篱，拱卫大唐西南边疆的安宁。”

当时，阁罗凤的长子凤伽异刚刚十岁。按照常例，唐朝加封凤伽异为阳瓜州刺史都知兵马大将。

闲暇时光，阁罗凤常常看着自己年幼的儿子，就像多年前自己的父亲看着自己一样。看着凤伽异无忧无虑地奔跑在树林山间，笑声洋溢，充满生机。阁罗凤充满了作为父亲的自信和温情。他知道自己身上的责任更加重了，不仅不能辜负父亲，而且为了给儿子开创一个更好的统治局面，他必须倍加努力！

不久，阁罗凤改元长寿，任命段忠国为臣相，揭开了统治南诏的全新一页。

阁罗凤逐渐褪去了昔日的青涩。他自信而又内敛，沉稳而又谦逊，眉宇间充满了作为新诏王的威严，又渗透着读书人的书卷气息。

应该说，父亲皮罗阁并吞五诏，统一洱海地区，迁都太和城，进而征服爨氏，统一爨地，为阁罗凤的统治

苍山雪

打下了一个较好的基础。同时，还有一个更为有利的条件，那就是唐王朝的大力支持。

在这样的有利条件和形势下，阁罗凤信心满满，他对如何治理南诏已经有了初步的想法和打算，那就是交好唐朝，争取大唐的支持，在此基础上，治理南诏，开疆拓土，经营自己的王国，承前启后，为后继者打下更好的基础。

然而，由于唐王朝派驻边疆的官吏失心失德，治边不当，横征暴敛，恶化关系，最终导致唐朝与南诏之间爆发了三次天宝战争。这不仅给唐王朝带来了严重的损失，给安禄山发动叛乱以可乘之机，而且，也在将近半个世纪的时间里，阻隔了唐中央王朝与南诏的交好和发展，使得阁罗凤治理南诏、经略西南边疆的道路一波三折，历经重重困难，当然，这是后话了。

且看《新丰折臂翁》

在回顾唐朝与南诏之间爆发的天宝战争之时，不得不提的是唐朝著名诗人白居易的诗歌《新丰折臂翁》。

新丰老翁八十八，头鬓眉须皆似雪。玄孙扶向店前行，左臂凭肩右臂折。问翁臂折来几年？兼问致折何因缘？翁云贯属新丰县，生逢圣代无征战，惯听梨园歌管声，不识旗枪与弓箭。无何天宝大征兵，户有三丁点一丁，点得驱将何处去，五月万里云南行。闻道云南有泸水，椒花落时瘴烟起。大军徒涉水如汤，未过十人二三死。村南村北哭声哀，儿别爷娘夫别妻。皆云前后征蛮者，千万人行无一回。是时翁年二十四，兵部牒中有名字。夜深不敢使人知，偷将大石锤折臂。张弓簸旗俱不堪，从兹始免征云南。骨碎筋伤非不苦，且图拣退归乡土。此臂折来六十年，一肢虽废一身全。至今风雨阴寒夜，直到天明痛不眠。痛不眠，终不悔，且喜老身今独在。不然当时泸水头，身死魂飞骨不收。应作云南望乡鬼，万人冢上哭呦呦。老人言，君听取。君不闻开元宰相宋开府，不赏边功防黩武。又不闻天宝宰相杨国忠，欲求恩幸立边功。边功未立人生怨，请问新丰折臂翁。

白居易的这首叙事诗通俗易懂。在这首诗里，以新丰老翁自述折臂后免除兵役、逃避前往云南征战的故事为主线，字里行间无不透露出大唐百姓对远征云南的抵制和

苍山

不满情绪。

尽管尚未谈及天宝战争，但仅仅从这一首诗的描述里，当年这一场战争似乎浮现眼前，战争的每一个片段亦似乎历历在目，我们似乎可以想见当年这一场战争烽烟四起的情景和血流壅塞的惨烈。

天宝街·万人家

在大理白族自治州的州府下关镇，有一条称之为天宝街的街道。街道不大，紧邻西洱河，在西洱河南岸蜿蜒前行。应该说，在下关城大大小小的街区与阡陌纵横的巷道中，天宝街并不突出，也不起眼。街道不宽，两旁商店林立。由于紧邻西洱河畔，海风阵阵，常常会在不经意间

波光粼粼的西洱河

穿过街道，吹拂在脸颊之上。

天宝街很是普通。对于这样一条普通得不能再普通的街道，或许不会有太多的行人留恋驻足。当然，他们更不会去猜测和遐想：为什么这条街道会叫作天宝街？而这条普通的街道，在一千多年前又曾经发生过怎样激烈的战事，演绎过怎样惨烈的故事？

万人冢遗址就在天宝街上。如今，它已经被修建成为一个园林式的公园，称之为天宝公园。公园里边有唐朝天宝战争阵亡将士的万人冢墓。公园面积不大，景致一般。相较于文献名邦的大理独具特色的苍山洱海、风花雪月的自然风光，以及崇圣寺三塔、大理古城积淀的历史文化，还有白族三道茶、风味乳扇的白族特色餐饮，万人冢

天宝公园

公园对于游人的吸引力的确没有任何优势，自然而然，也吸引不了人们的眼球。不仅如此，即使是地地道道的下关居民，漫步或行走在天宝街上的时候，大多数人也很少会去留意万人冢遗址，更不用说去参观、思索和回忆这一段历史了。

于是，天宝街日复一日地迎接日出日落和每一个晨昏，而天宝街上的万人冢亦日复一日地立在街道的一旁，默默地、却又固执而真实的存在着，见证着一千多年前那段发生在大唐王朝和南诏国之间的惊天动地的战事。

“生虽祸之始，死乃怨之终。”这是天宝战争结束后，南诏王阁罗凤在面对“流血成川，积尸壅水”的大唐阵亡将士时发出的感叹！他悲叹战争的无情，也怜悯死去

清晨的天宝街

的士兵。

因此，阁罗凤命人将阵亡将士的尸骨收集在一起，挖了大坑加以掩埋，立万人冢，以礼祭祀。万人冢因此得名，并且在西洱河南岸，当年发生天宝战争的战场——今天的天宝街上默默地守候了一千多年。

根据史书记载，阁罗凤当日所立的万人冢有数处，在荒草坪（今滇西水泥厂一带）、乌龙箐、青木林（今下关西洱河南岸天宝街一带）都有。而如今尚存的也只有天宝街上的万人冢遗址了，其余几处则早已在历史的长河中湮没，难寻踪迹。

而关于万人冢以及万人冢的史事，却以神鬼的故事保留在一些野史和古籍中。如在《大理古佚书钞》之《淮城夜话》中，就收录有《天宝南征战士冢》《青木林

大唐天宝战士冢

万人家》《散骑侍郎》《巧珠》《李宓元帅印》《五将军祠》《万人家边鬼》《淮城判官》等等。

遗留的隐患

在天宝战争爆发以前，唐中央王朝和南诏国之间就隐隐透露出争执的祸端，这个祸端起源于阁罗凤和父亲皮罗阁对爨地的进军和征服。当时，因为大唐剑南节度使章仇兼琼修步头路，派竹灵倩筑安宁城，与诸爨的利益发生了冲突。加之唐朝官吏对当地征收繁重的赋役，欺压百姓而引发诸爨叛乱，斩杀了筑城使竹灵倩，击破安宁城。

随后，几经战事，唐朝终究没有实现修筑步头路的目的，而诸爨也在相互倾轧与征伐中日渐衰落。南诏却成了这起纷争中的最大受益者。南诏王皮罗阁进军爨氏，吞并了爨地，控制了步头路，成为这次事件中最大的赢家。

阁罗凤继承南诏王位之后，深深明白唐王朝的支持对南诏发展的重要作用。他特别注重与大唐的修好，并常常对下属臣僚说："南诏国发展到今天，很大程度上来自于唐朝的大力支持。如今之际，更要与大唐修好。诸位大臣应对大唐边官和使节谦虚有理，不可滋生事端。"

然而，经历了这些事件之后，尽管南诏仍然保持了与唐的交好和和睦，并且时时派遣官员和宗室子弟到长安进献朝觐，表明对唐中央王朝的忠诚，而大唐也继续支持南诏，无论是对南诏王还是对出使唐廷的南诏使团官员，均加官晋爵，封赏不断。然而，因为争夺爨地的控制权，因为利益的冲突，大唐与南诏之间的隔阂已经存在，争执的隐患已经埋下。

祸起张虔陀

如果说因为爨地利益冲突留下了隐患，成为唐王朝与南诏交恶的祸端，那么大唐边官的处置不当与横征暴敛则是引发天宝战争的直接原因。而这场战争的直接导火索就是云南太守张虔陀。

大唐天宝九年（公元750年），新承袭王位的南诏王阁罗凤按照惯例，携带妻子赴成都拜谒西川都督。阁罗凤天性豪迈奔放，又崇尚汉文化，他认为此行必定平安顺畅，因此只带了部分贴身侍卫，其余多为礼仪文官。

云南（今大理白族自治州祥云县一带）是阁罗凤此行的必经之路，因此，阁罗凤也按照礼节拜见了云南太守张虔陀。他早已听闻张虔陀为人傲慢、贪婪暴虐，南诏臣民早已对他心生不满，因此在临行前特意约束随行的官员："张大人乃大唐天子钦命的大吏，我们拜见他理所应当，因此须谦虚有礼，切记骄纵生事。"

按照礼节拜会之后，张虔陀设宴接待了阁罗凤一行。席间，他态度倨傲，出言轻慢，对阁罗凤和他的随行官员说："我乃大唐封疆大吏，手握重兵，震慑一方。你们不过是边夷南蛮，不懂诗书，不知礼仪，兵弱民寡，若不是大唐的鼎力扶持，你们如何会有今天。”张虔陀的无礼让在座的南诏官员愤懑不平，但想起诏王的告诫，他们仍旧压下心头的怒火，不予辩驳。阁罗凤心中也有些怒意，他暗想：泱泱大唐，怎会有如此不知礼数、妄自尊大的官员。但为了少生事端，他只是淡淡一笑，拱手道：“南诏国不过是边疆小国，怎能与大唐相比。还望张大人多多点拨。”见到阁罗凤的谦卑，张虔陀更加得意。他早已觊觎阁罗凤妻子温柔貌美，见阁罗凤彬彬有礼、谦卑内敛，料想他不过是个靠父荫护的文弱诏主，于是借机侮辱了阁罗凤的妻子。

阁罗凤与妻子自成婚后互敬互爱，鹣鲽情深。他的妻子为人温和、知书达理。见妻子受如此大辱让他心疼万分，想到张虔陀那丑恶的嘴脸更是让他胸怀愤怒，一口恶气憋在心里，竟生生吐出了一口鲜血。

随行的臣相段忠国忙对阁罗凤说道：“诏王息怒，保重身体！”而其余官员则纷纷拍案而起，怒道：“张虔陀这厮真是不知礼义廉耻。诏王念在他是大唐官吏，好心拜谒，不想他如此无礼，竟敢侮辱王妃，罪不可恕，难道是欺我南诏无人吗？不取他项上人头，难消我等心头之恨！”

段忠国思量之后，也对阁罗凤说：“诏王，张虔陀侮辱王妃，事关南诏王室和整个南诏国，虽需感念大唐恩义，但对此等无耻之徒切不可姑息。”

见到下属的担忧，阁罗凤紧皱双眉点头道："我知晓，此事等见到张虔陀再议。"而张虔陀听闻南诏官员要斩杀他的消息，早已从小道悄悄溜走了。阁罗凤无法与张虔陀当面对质，心中更加怨恨，也更加鄙视其为人。他带着随从星夜出发，护送妻子回到南诏。

阁罗凤回到太和城后，紧急召见臣僚。对于张虔陀出任云南太守之后，对南诏的横征暴敛，南诏官员早已心生不满，他们纷纷列举了张虔陀的种种劣迹，要求严惩张虔陀。阁罗凤听了臣僚的意见后，悲愤言道："我自父辈起为大唐天子下臣，多年来不侵不叛，忠心耿耿。不料大唐竟有如此奸佞之徒，实让我南诏百姓痛心之致。"他让臣相执笔，将张虔陀的罪状罗列了六条。

其一，吐蕃与唐朝曾经发生过多次战争，关系时好时坏。而南诏历来与唐朝亲善，臣服于大唐中央王朝的大一统统治，并且忠于大唐，为其西南稳定的坚实屏障。然而，边官张虔陀私下却与吐蕃勾结，阴谋筹划，试图联合起来攻灭南诏国。

其二，先王皮罗阁有四个儿子。长子阁罗凤承袭王位，继任南诏大统；次子诚节，任蒙舍州刺史；三子崇，任江东刺史；小儿子成进，任双祝州刺史。王室诸子本来按照父亲皮罗阁的安排，阁罗凤承大统，其余诸子各自在领地任刺史，辅助长兄统治南诏国。由于弟弟诚节不忠不孝，被贬在长沙。这一切，本为南诏王室内部的家事。然而，张虔陀却横加干涉。他挑唆诚节多次向长兄阁罗凤上奏，希望回归故里，借机调拨和离间阁罗凤与诚节的兄弟关系，破坏南诏国王室内部团结，以达到分裂南诏的目的。

其三，原南宁州大鬼主爨崇道，击杀亲弟爨日进，谋杀南宁州都督爨归王，杀戮至亲，骨肉相屠，不仁不义，为天地所不容。他的罪行震惊了整个东爨，所有的东爨首领都为之惊惧。然而，对于这样一个不仁不义、天地不佑、群蛮愤恨、祖先不荫的爨氏首领，张虔陀不仅不顺应众意加以惩治，反而将其收留在身边，调拨爨崇道对南诏的仇恨，意图让他对南诏发动战争，引发双方的战火和征伐。

其四，为了排挤和孤立南诏，张虔陀对与南诏关系恶劣的地方首领和酋长都给予官职，授予殊荣；而对与南诏关系交好和亲善的地方首领和酋长，则一律遭到贬抑，不予任用。

其五，张虔陀时时不忘修缮城池、加固防守，同时又勤练兵马、秣马厉兵，做好一切准备，以便秘密袭击南诏。

其六，苛捐杂税繁重。张虔陀为云南太守，对南诏征召颇多，加倍征收军粮课税，征求无度，其目的是增加南诏的各种负担，使南诏国力空虚，内部问题丛生，矛盾重重。

越是列举，南诏的臣僚们越是气愤。他们纷纷对阁罗凤进言道："诏王，张虔陀其人狭隘独断、贪赃枉法。作为大唐派往西南的边疆官吏，他不仅不维护大唐与我们南诏的交好，还调拨诏王兄弟感情，阴谋破坏南诏与大唐的关系，时时不忘排挤南诏、攻伐南诏。多年来，对我们征收繁重的课税，让南诏的百姓背上沉重的负担，生活流离，食不果腹，实在罪不可赦！如今又侮辱王妃，真是禽兽不如。诏王，如不生擒张虔陀，饮其血，啖其肉，实难消我臣民心头之恨！”

张虔陀的行为和臣僚的进言也让阁罗凤愤怒不已！尽管之前对张虔陀的种种恶行也有所听闻，但不细细列举，还不知道他不仅仅侮辱爱妻，而且还对南诏横征暴敛、阴谋构陷。阁罗凤重重地叹了口气，心下烦乱难平。他屏退了臣僚，独自站在凄冷的夜空下。阁罗凤知道，张虔陀对自己而言可谓既有家仇又有国恨。自己作为唐中央王朝统治下的地方民族政权首领，张虔陀对自己却轻慢无礼，胆敢侮辱妻子。不仅如此，他居然玩弄阴谋，离间自己与兄弟的关系，妄图灭亡南诏，实在是可恶至极。

阁罗凤心中充满了委屈和愤恨。这种委屈，来自于泱泱大唐王朝对自己的不理解和对张虔陀罪行的纵容；而他的愤恨，来自于张虔陀这样一个边官对自己的轻视、怠慢，对自己妻子的侮辱和对试图灭亡自己王国的深深的不满和憎恶。

他的耳畔回荡着爱妻哀伤的哭泣声和群臣对张虔陀的声讨声，胸中憋闷，想着不如下令诛杀张虔陀，为妻子报仇，为子民除害。但转念一想，南诏国几经风雨，发展到了今天，有大唐的极力扶持，有祖先父辈的不懈努力，自己怎能为一己私愤，破坏南诏与大唐的关系，危害南诏，祸及子民。如此一来，自己岂不成了南诏国的千古罪人了吗?

阁罗凤在点点星光的夜空下整整站了一个晚上。呼啸的下关风夹杂着苍山雪水的清寒吹乱了他的衣襟，吹乱了他的鬓须，却无法吹散他心头的不平。孰轻孰重，他心里十分清楚，但如何抉择，他却难以释怀。

数次申诉无果

最终，在权衡利弊之后，阁罗凤把心头对张虔陀怠慢自己、离间兄弟和侮辱妻子的深深愤恨与不满暂时放下了。他召集群臣道："我南诏衷心臣服于朝廷。今日之仇，乃张虔陀一人。如为逞一时之气，兴兵攻伐，实非良策。如今，当先向大唐申冤，以雪前耻，方为上策。"

阁罗凤亲笔撰写了申诉状。在寒风中站立了一整个晚上后，他拖着有些疲乏的身体回到朝堂，奋笔疾书，写下了申诉书。在申述书中，他列举了张虔陀的种种行为，表达了自己心中的委屈与不满，写道："张虔陀的行为罄竹难书，为了大唐与南诏的交好和发展，恳请大唐天子派专员彻查此事，安抚南诏民心，还我爱妻清白。"

阁罗凤派遣自己最信任的大臣前往长安。临行前，他嘱托道："将军为我南诏贤臣，见识高远，此行任务艰巨，务必将申诉书亲自呈交大唐天子，请天子裁决。"

经过漫长的跋涉，南诏使者不负众托，他们辗转多次才将南诏的申诉书交到唐中央王朝。

然而，事实却与阁罗凤的最初愿望背道而驰。他曾希望自己的奏报能引起唐中央王朝的重视，洗刷张虔陀对自己的侮蔑和诽谤，向朝廷表明自己的心迹——阁罗凤和南诏国始终对大唐忠心耿耿，是大唐最忠诚的臣民。同时，揭露张虔陀的阴谋诡计和包藏的祸心，让朝廷知道派遣的是怎样一个自私、贪婪的边官，他的所作所为又是怎样伤害了南诏国国王和南诏国子民的心！

中央王朝确实是重视到这件事情了。皇帝李隆基听闻南诏上报之事，急召群臣商议。他坚信云南王阁罗凤为人谦和豁达，彬彬有礼，如今看着申诉状满纸悲愤不平，料想其中必有因由。他派出中使贾奇俊前往调查，要求他将整个事件的原委查明后详细上报回复朝廷。不曾想到的是，贾奇俊却也是个贪婪的宦官。他才到姚州，张虔陀就奔来献谄贿赂，构陷南诏。再看重峦叠嶂之处，隐隐见南诏军旗在林中招展，遂轻信张虔陀的一面之词，草草结束调查，匆匆回朝，上奏唐中央王朝，称："南诏国王阁罗凤骄横，目无大唐，驻兵城外，滋扰生事，确实有谋反之心和背叛大唐的阴谋。"

消息传回南诏，阁罗凤感到无比委屈和愤懑。明明是张虔陀怠慢自己、陷害自己；明明是宦官受贿、颠倒是非曲直，传到大唐皇帝的耳中，却反而变成了自己有背叛中央王朝的私心。他仰天长叹：“我没有什么想要背叛大唐的私心，我对中央王朝的忠诚之心天地可鉴。只是天子远在高堂之上，我根本无法亲自面见天颜，表达我心中的委屈和愤懑，让天子真正了解是非曲直和事情的来龙去脉。我远在西南边疆，是大唐不侵不扰的忠臣，岂能让张虔陀、贾奇俊这样的奸邪之徒来陷害我，让我蒙受不白之冤？”

南诏群臣亦激愤难忍，纷纷上言要求严惩张虔陀。然而，阁罗凤仍然坚信大唐天子圣明，一定能给自己平反昭雪。为了洗刷冤屈，他忍辱负重，再次安抚群臣道：“虽中使奸邪，但大唐为礼仪之邦，治国有道，必能给南诏公平裁断。”随后，他再次派出部众申诉。这一次，他委派三朝元老军将杨罗颠亲自带队前往。

岂料天高皇帝远，阁罗凤接连派出的申诉团队都被谄臣阻挠，未能拜见天颜。大唐天子听信谗言，早已经给南诏下了定论，阁罗凤已被中央王朝视为反叛的臣子。

杨罗颠获悉朝廷定论，并有意兴兵南征，心知多留无益，于是星夜兼程，返回南诏。

阁罗凤听到杨罗颠的奏报后，心下一紧，委屈、怨恨、不满、失望，种种积压多时的情绪瞬间爆发，他再也无法平静了，心中的怒火再也无法压制。

愤怒的不仅仅是阁罗凤一个人，还有南诏的群臣。面对君主被辱，申诉无门，南诏国的大臣们彻底愤怒了。诸大臣一致劝说阁罗凤道："诏王，张虔陀欺压南诏，横征暴敛，阴谋调拨、离间南诏在先，又侮辱王妃，使诏王受辱，实在罪大恶极。诏王仁厚，为了南诏百姓，忍辱负重，希望大唐能妥善解决此事，还南诏公道。然而，天高皇帝远，数次申诉却换来大唐天子斥责，认为我南诏反叛大唐。此等冤屈、此等侮辱，众臣等已无法忍受。请诏王早下决断，严惩张虔陀，捍卫南诏尊严，扬我南诏声威。若再犹豫不决，恐大军压境，则南诏危矣！"

面对群臣的激昂陈词，阁罗凤再次陷入两难的境地。他彻夜难眠，趺坐在王位上陷入沉思，英武而又略显书卷气的面庞上布满了沉重。阁罗凤心想：虽然南诏不过是一个边疆小国，但自己无论如何也算是一个王国的君主，抵御吐蕃侵扰，为捍卫大唐的西南边疆安宁立下了无数战功。如今，自己作为国王，居然受到一个边官的轻视和怠慢；自己作为伟岸男子，却让妻子受辱。此外，课税繁重、征求

南诏土主庙阁罗凤塑像

无度，让南诏国的子民背负了沉重的负担，而自己作为诏主却束手无策。明明对大唐赤胆忠诚，却要背负背叛的骂名。

而最让阁罗凤难以理解和容忍的是，自己权衡利弊，以大局为重，采取派遣官吏向朝廷申诉冤屈的平和行为，居然没有引起朝廷的高度重视，反而误解自己的一片赤忱之心。他心想：若再如此发展，不仅将遭受天兵讨伐，而且也要让群臣寒心了。

阁罗凤自语道：“看来大唐已经不相信我了。即使我吞下这屈辱，做出再多的让步也没有意义。即使我再派出若干个使团也换取不来大唐的信任了。”阁罗凤在心里默默地对自己说：“那我又该如何取舍？”他仰望着满天的繁星，一遍又一遍地问着自己。

在彻夜的思索中，在群臣的不满与愤怒中，在爆发与隐忍的矛盾和纠结中，阁罗凤终于用力握紧拳头，做出了一个艰难的决定。他召集群臣，对心中早已不满的臣下说：“事到如今，更多的辩白已换不回大唐的信任。与其平白受辱，不如诛杀张虔陀，以雪南诏耻辱。”

阁罗凤随即命文官撰写声讨檄文，传至四军，下令攻打云南太守张虔陀，兴兵问罪。在战火纷飞、硝烟弥漫中，张虔陀终于意识到自己曾经的行为是多么愚蠢。他望着身边一个个阵亡的将士，望着伏尸遍野、满目疮痍的景象，才认识到自己的荒唐行径给自身，给所在地方的百姓，甚至于给唐中央王朝带来了多么深重的灾难。

然而，此时此刻，一切为时已晚。张虔陀只能看着南诏的大军攻破城池，蜂拥而至，如摧枯拉朽般大败自己的军队，占领自己的驻地。他在惊慌失措中喝下了毒药，自杀身亡了。

张虔陀死了。南诏大军一鼓作气，继续征战，攻破了姚州和其他城池。在这一场战争中，阁罗凤的军队共攻下大大小小的州县三十二个。南诏国军威大振，一雪前耻。

阁罗凤攻伐的消息传到长安，唐中央王朝震惊万分。大唐随即做出部署，兴兵讨伐南诏。这样一来，唐朝与南诏之间的误解越来越深，积怨愈演愈烈。无论是对于大唐，还是对于南诏国，战争已经不可避免了。

被迫面对第一次天宝战争

天宝十年（公元751年）四月，唐朝委派剑南节度使鲜于仲通率兵征讨南诏。鲜于仲通率领八万将士从戎州（今四川宜宾）沿着南溪路而下，开始出征南诏。不仅如此，除了鲜于仲通的八万大军之外，唐朝大将军李晖也率军从巂州（今四川西昌）沿会同路出发，而另一支部队则由安南都督王知进亲自率领，从步头路进来，三军并出，意图一战而胜，剿灭南诏。

从做出决定那一刻起，阁罗凤就知道一旦派兵攻打张虔陀，必然会坐实叛唐的罪名，也必然会引发南诏与大唐之间更大规模的冲突。

他清楚地认识到，自己派兵攻打姚州、攻打其他夷州，甚至攻占安宁城，只是因为对张虔陀的自私、贪婪和怠慢、侮辱的不满，是为了发泄心中的怨恨与不满。而这种怨恨与不满的情绪也必须随着张虔陀的饮鸩自杀而逐渐消散。恶贯满盈的是张虔陀，而不是大唐。自己以及自己的臣属憎恶的是张虔陀，而不是大唐王朝。

思路理清后，阁罗凤立即召集群臣，言道："我们南诏处事有礼有节、重义礼让。今日出兵只为惩办张虔陀一人，无意滋扰大唐。如今天兵将至，如果战事一起，受牵连的是千千万万无辜的百姓。我岂能为自己的私仇让无数将士付出生命的代价？我又岂能为了快意恩仇而连累自己的子民呢？为今之计，当顾全大局，当务之急，必须尽快面见唐朝将领，讲明是非曲直，以免延误时机，挑起战事。"阁罗凤的意见得到臣相段忠国的赞同，其余诸将也纷纷附议道："诏王英明，胸襟开阔，决断果敢，实为南诏之福。"

阁罗凤立即派人到安宁城面见主帅，以诚恳的态度讲清是非过程。阁罗凤亲笔写了一封书信，在信中，他诚恳地说："南诏出征只是向张虔陀寻仇而非背叛大唐王朝。南诏为大唐藩臣，必定永不侵叛。"

当时，驻守安宁城的城使是王克昭。他接到阁罗凤派使者来请和的消息后，关闭城门，拒绝接受南诏的请和。而对于使者呈上的阁罗凤亲笔写的书信，他也置之不理。

阁罗凤在焦急中等来了使者被拒的消息。他的心中有些不满，暗想，我已经诚心请和，表明心迹，但大唐统帅却不闻不问，置之不理，对我南诏使臣也倨傲怠慢，实在可气。

在此情况下，阁罗凤再次发兵，攻占了安宁城，将安宁城的人口百余户迁往浪穹（今大理白族自治州洱源县一带）。

与此同时，剑南节度使鲜于仲通的大军已经到达曲州、靖州一带。战争一触即发。

当时，吐蕃赞普命人在浪穹观望，多次派使臣拜见阁罗凤，有意交好南诏。

一面是大唐军队的步步逼近，一面是吐蕃为求亲善而伸出的橄榄枝，事态似乎越来越复杂。阁罗凤与群臣紧急商讨对策。南诏官员对此事态度各异，各持已见。有的建议为了南诏的长治久安，应与大唐请和，不可轻信吐蕃；有的则认为越是请和退让，越显得南诏胆怯心虚，不如破釜沉舟，背水一战。

望着争执不下的群臣，阁罗凤心下已经有了决断。他从座位上起身，边来回踱步，边果断地说："诸位不必争执。我既然作为南诏诏主，自然要保护南诏子民免于兵燹。大家知道，稳定和平才能让南诏得到发展。因此，当前应以大局为重，再次请和。我向来为能成为大唐的臣属而骄傲，我崇敬大唐，谦卑有礼，但作为臣属，我也已经尽力向大唐天子表明了自己的忠诚立场。所谓凡事都有限度，如果请和失败，我们也应早做谋算。”

这一次，阁罗凤派遣首领杨子芬及云南录事参军姜如之前往谢罪请和。他嘱咐杨子芬等人：“此次拜见大唐官员，务必把因为张虔陀陷害导致唐王朝与我南诏相互误解，最终即将酿成战事的经过详细禀告。此外，你还需转告大人，吐蕃觊觎南诏已经不是一天两天了，吐蕃赞普早已经命人在浪穹观望事态，多次对我们威逼利诱。如果唐朝与南诏继续交恶，必然会给吐蕃以可乘之机，大唐与南诏之间鹬蚌相争，结果必然是吐蕃坐收渔翁之利！到那时，则一切晚矣！”

杨子芬和姜如之拜谒唐朝官员，除了代阁罗凤表明南诏的忠诚之外，也向唐朝官员阐明了战事爆发的后果和危害，希望唐朝以大局为重，审慎对待。

阁罗凤的请和言辞恳切，一语中的。同时，他也坚决地向唐朝官员表明了自己的立场：如果唐朝再不警醒，一意孤行，非要发动这次战争，那么为了自己的利益，南诏将反叛唐朝，归附吐蕃。他对杨子芬说：“你务必告知他们，如此一来，云南之地就不是唐王朝的了。”

应该说，到了这样的地步，阁罗凤作为大唐疆土之内的一个地方民族首领，对于中央王朝而言，无论是从该遵循的君臣之礼，还是从战争的利害关系，都已经分析得无比透彻。息战和商谈是解决唐朝与南诏之间的误会和纷争的最好方法；互信与体谅是继续维持唐中央王朝与南诏国臣属关系和友善发展的唯一出路。

即使剑南节度使鲜于仲通的军队已经达到江口，阁罗凤仍旧没有放弃和谈。他沉着应对，一面布阵防守，一面再三派遣下属向鲜于仲通请罪求和。为了表示诚意，阁罗凤还归还了原先攻占的安宁城和俘虏的将士。

然而，阁罗凤的诚意却没有收到丝毫成效。鲜于仲通不仅没有被阁罗凤的诚挚说服，而且还毫不犹豫地扣押了南诏派来向他请罪的使臣，命令唐朝大军继续开拔，直逼南诏太和城。同时，他还下令将军王运天率领所部的骁勇战将，从点苍山西面出师，试图翻越陡峭险峻的点苍山，以便从东、西两面夹击南诏军队，旨在让南诏军队腹背受敌，一战而败。

南诏兴亡已在旦夕之间。阁罗凤站在高高的城楼上，俯视着自己的国家，俯视着自己的子民，心中闪过无数的念头。他想，或许一念之间，自己的家族将亡于战

新建的大理五华楼

火，自己的子民将遭受涂炭，自己的王国将不复存在，父辈留下的基业将毁于瞬间。

阁罗凤审时度势，决心不再示弱，与大唐对抗。他分析了敌我之间的优劣，做出严密的军事部署，对群臣言道：“观如今之态势，南诏与大唐之战已无法避免。如今唐军三路进兵，要灭南诏。若让其得逞，南诏国将不复存在。素闻大唐李晖乃名将，今统兵从会同杀来，我命王毗双、罗时领兵迎战。安南都督王知进有勇有谋，统兵自步头进攻，我差杨罗颠、张罗若、牟苴领兵阻截。而鲜于仲通所统中军人数众多，阵势强大，我命王子凤伽异连同大军将段全葛等人率军在西洱河畔主动出击，迎战鲜于仲通率领的唐朝军队。大家须齐心勠力，拼死一搏。”

随后，按照南诏的礼仪，宰杀牲牢，设立祭坛，向天地祷告。阁罗凤恭敬地跪在祭坛前，重重地磕了三个头。他拭了拭血流不止的前额，虔诚地向天地祈祷：“我南诏国自古以来，一直到今天，历来是唐王朝不侵扰不背叛的属臣。如今，剑南节度使鲜于仲通不听取我的请和与陈述，一味贪功自大。我本意原想以和平的方式解决与大唐的误解和争端，如今是不可能了。战事必发。我唯有祈求上苍的庇护，祈求历代祖先保佑南诏，庇护百姓了。”

祭祀完毕，阁罗凤带领群臣面向东北稽首。祭祀当日，原本天气晴朗，万里无云。但当阁罗凤祷告完毕，天色突然大变，顷刻间，乌云密布，雷电交加，瓢泼大雨从天而降，狂风大作，地动山摇。万民齐恸，天地变色。

到了这一步，南诏国的国王阁罗凤才真正下定决心与唐决裂。他向群臣和举国宣告："倘使大唐王朝接纳南诏，那么大唐皇帝一如既往是我们的君王；如今唐朝既然不接纳南诏，那么他就是我们的仇敌了。当机立断是战事获胜的关键，犹豫不决则会祸患无穷。"阁罗凤以坚决的语气向臣下和子民表明自己的立场和态度：不再犹豫，决然开战。

阁罗凤虽然言战，他却不好大喜功。相反，阁罗凤务实而睿智。他衡量了南诏国的国力和军事实力，也思索了唐朝的军事实力和国力，知道仅仅依靠自己的力量，要战胜大唐帝国根本不可能。

于是，他在做出精密的部署和安排后，当机立断，派遣首领杨利等人到浪穹拜见吐蕃御史论若赞大人，向吐蕃求援。在战争成败的关键时刻，吐蕃御史论若赞及时派兵出击，分兵进入南诏对唐作战，救援南诏。这一战打得天昏地暗，日月无光。唐军大败，将军王天运战死，被悬首辕门；剑南节度使鲜于仲通也损兵折将，损失惨重，只有他一个人连夜逃遁，才得以脱身。这一战，南诏军队大获全胜。

南诏取胜让南诏国上下欢欣鼓舞。阁罗凤心中也倍感欣慰。但是，他并没有沉浸在战争胜利的喜悦之中。相反，他比任何人都头脑清晰。他知道，南诏与唐朝之间的战争尚未真正结束。

于是，唐军刚刚溃败，鲜于仲通刚刚逃离，阁罗凤就立即召集群臣商议应对之策。他虚心听取了臣属的意见和建议，认真分析利弊，考虑得失。经过慎重的考虑，阁罗凤对群臣说出了自己的想法。他说："南诏国与唐朝军队的这一次战争，是以小胜大，以弱胜强的一次战争。而战争的胜利，对于南诏国而言，事实上是一个祸端的开始。因为，唐朝泱泱大国绝对不可能就此善罢甘休。他必然还会对南诏国发动战事。这样一来，南诏国全国上下要面对的，必然还会有一次甚至是若干次的征战。在这样的情形之下，要想保住南诏国，要想取得战争的胜利，唯有一条出路可寻，即放低姿态，亲善友邻。"他望着低头轻声议论的群臣，顿了顿，接着说道："在相邻的各国中，最主要而且必须友好相待的就是吐蕃。吐蕃雄踞青藏高原，与我们南诏毗邻而居，势力强大，不容小觑。与其与吐蕃交恶，遭来吐蕃、唐朝的夹攻，腹背受敌，不如与吐蕃交好，借助吐蕃抗击唐朝，保卫南诏。"

决策既定，阁罗凤立即派遣南诏大酋望赵佺邓、杨传磨侔出使吐蕃。阁罗凤深知，要取得吐蕃的信任，就必须表示自己的结交诚意。为了表示自己的诚心，他亲自让儿子铎传以及南诏王室子弟数十人作为质子一起前往吐蕃。

使团启程那天，阁罗凤亲自护送，一直走到龙首关。临别之际，他握着儿子稚嫩的手掌，对儿子说："铎传，你与其他兄弟此行吐蕃，身负重任。南诏势单力薄，要对抗唐朝，势必要交好吐蕃。然而，吐蕃之势也不容忽视。你在吐蕃，务必谦虚内敛，时时不忘自己肩负的重任。勿辜负父亲的重托，勿辜负南诏子民的希望！”铎传点头含泪拜别了父亲。

使团渐行渐远，阁罗凤依旧站在龙首关的城楼上。他看着儿子慢慢淡出视线的身影，心中叹道：“这也是我最疼爱的儿子！他们也是我最重视的子侄。可是，如今为了南诏安危，我却让他们作为质子，把他们送到了如猛虎一样的吐蕃的手里。”

阁罗凤心中对儿子和子侄充满了歉疚和牵挂。但他没有多言，待使团的影子消失在苍洱之际后，阁罗凤毅然扬鞭策马，转回太和城。他知道，还有更重要的事情等待着自己。

这个使团共有六十人，他们携带着南诏的奇珍异宝到拉萨朝拜赞普，进献礼物，表明南诏归附吐蕃、向吐蕃纳贡称臣的诚意和决心。

对于南诏的归附举动，吐蕃赞普欣然接受。他委派宰相倚祥叶为使臣，带领吐蕃使团出使南诏，带着赞普封赏的金冠、锦袍、金宝带、金帐床、银兽，以及诸种器皿宝物、珂贝、珠毯、衣服、驼马、牛鞍等等，代表赞普赏赐给阁罗凤。同时，吐蕃赞普封阁罗凤为“赞普钟”，称为“东帝”，赐给金印。

“钟”藏语为“兄弟”之意，“赞普钟”，即封南诏国为吐蕃的兄弟之国。天宝十一年（公元752年）正月初一，吐蕃宰相倚祥叶代表赞普在邓川行册封仪式，正式册封阁罗凤为赞普钟南国大诏，授予阁罗凤的长子凤伽异大瑟瑟告身、都知兵马大将。南诏的其余官僚都一一封赏。双方在邓川盟誓，立下誓言。随后，阁罗凤不再奉唐正朔，正式改年号为赞普钟元年。

阁罗凤与唐朝剑南节度使鲜于仲通的战争刚一结束，就立即召集群臣商议对策。他分析当前的形势，吸纳臣下意见，纵观时事，总览全局，做出了更有利于南诏国发展的新决定——归附吐蕃，善待友邻。与表面的浮华与名誉相比，他是一位务实的君主，他更加注重的是自己管理下的王国的发展和前途命运。为此，他甚至将自己的儿子连同南诏的王室子弟送往吐蕃为质。由此可以看出，阁罗凤作为南诏国的国王，他的雄才与睿智，他的务实与沉稳。

沉着应对第二次天宝战争

事情的发展几乎和阁罗凤以及他的群臣当初所设想和估计的一样，泱泱大唐完全无法接受被一个西南边疆小小的地方民族政权所打败的事实。唐中央王朝权力的真正执掌者在极力掩盖这一次失败的同时，也在酝酿着新一轮的征伐南诏的计划。

原剑南节度使鲜于仲通是被杨国忠推荐提拔的。杨国忠非常赏识和器重他。鲜于仲通的失败无疑对杨国忠，特别是他在大唐朝堂之上的控制权力以非常沉重的打击。当时，由于杨国忠在与宰相李林甫的争权夺势中无暇分身，他暂时没有处理南诏的问题。

不久，李林甫患病死去。杨国忠被委派担任唐朝的宰相，兼任尚书等重要官职，执掌国政。唐中央王朝的大权几乎完全被控制在杨国忠以及他的跟随者的手中。

杨国忠刚刚控制国政，就迫不及待地掀起了对南诏国新一轮的攻伐。

唐天宝十二年（南诏国赞普钟二年，即公元753年），唐朝再次对南诏用兵。这一次，由汉中郡太守司空袭礼、内使贾奇俊统率大军，负责征伐南诏的一切事宜。

贾奇俊率领唐朝士兵开赴西南边疆，重新设置了姚州城，委任贾瓘为姚州都督。

贾奇俊以中使的身份来统领唐朝大军，他希望以姚州城为据点，加强对这一地区的控制。在此基础上，率领唐军稳扎稳打，步步为营，在稳妥中赢得胜利，一举攻灭南诏。

姚州城的再次设置是唐朝军队开拔西南以来对南诏国军队的第一次胜利，不仅让贾奇俊、贾瓘等唐朝将帅自信满满，而且也给大唐的将士以极大的鼓舞。

然而，面对唐王朝的第二次征伐，面对此次唐军稳扎稳打、步步为营的攻伐谋略，面对失去姚州城，面对敌众我寡的对阵事实，面对新出现的一系列困难和问题，阁罗凤却不再犹豫和慌乱。

少年时代的刻苦学习和虚心请教，青年时期在军营的磨砺和锻炼，一次次统领军队的实践以及在父亲教导下的不断进步，在与大唐王朝和周边其他王国的一次次交往中历练的应变能力和心智的逐渐成熟，已经把阁罗凤打磨成一位沉着、睿智、务实而又内敛的南诏国国君。他统领军队的将帅才华，深谋远虑的治国才能，忧国爱民的君主天分，与他国交好的开明、务实的举措，胸怀大志而又未雨绸缪的聪慧再次在这一次与唐朝将士的对决中体现得淋漓尽致。

面对唐朝军队的步步进逼，与先前的一而再、再而三的遣使求和、请罪时的急迫心情和忐忑不安不同，这一次，阁罗凤显得沉着而冷静。既然战争已经拉开帷幕，既然先前的求和已经无用，既然已经下定决心统领南诏全国对吐蕃北面称臣，既然早已经预料到大唐王朝势必再次攻打南诏，那么这一次已经不需要再犹豫不决，也不需要放低姿态了。

在大唐数万军队压境的情况下，阁罗凤显示出作为南诏国君主的霸气。他与大臣们商议之后，成竹在胸，做出了周密的部署：令军将王兵率兵袭击，断绝唐朝军队运送粮草的通道，让唐军失去补给和后援，断绝大唐军队作战的坚实的物质基础；又命令大军将洪光乘等，联合吐蕃神州都知兵马使论绮里徐，一起围攻唐军将领所在地姚州府城。他果断地说：“诸位将士，南诏的生死存亡皆系在你们身上，大家万众一心，一定能够痛击唐军。”

由于前有南诏和吐蕃大军的大举进攻，后无粮食辎重的补给，唐朝军队连连溃败，统帅惊慌失措、慌不择路，士兵失去斗志、且战且逃，唐军一战而败。南诏军队和吐蕃军队以摧枯拉朽之势大败唐军，轻而易举地夺取并控制了姚州府城。姚州都督贾瓘被擒，唐朝士兵全军覆灭。

大唐王朝又一次失败了。而南诏国由于国王阁罗凤与群臣君臣一心，发动全国子民，同时又积极联合吐蕃军队，不骄不躁，运筹帷幄，再次打败了泱泱大唐，取得了新的胜利。

发动全民，彻底取胜的第三次天宝战争

唐军大败，南诏举国上下欢欣鼓舞、士气大振。

唐军撤退之后，阁罗凤曾屏退左右，独自骑着与他经历过无数次生死考验的坐骑沿着太和城驰骋。夕阳从斜阳峰照射过来，与火红的晚霞一起，投映在他宽阔的后背上。他的身影在落日的余晖中显得更加高大和威武。望着巍峨雄壮的苍山十九峰，阁罗凤不禁想起自己第一次受到唐朝封赏时的情景。那时的他还是个稚气未脱、莽撞冲动的孩子。因为父亲立功受到大唐的册封，他作为蒙舍诏的王子同时也受到封赏，被大唐授予右领军卫大将军，兼任阳瓜州刺史。他还记得当年出使的大唐使节那慈祥的面容，他把印信亲自放到自己的手里，笑容可掬，鼓励自己说：“阁罗凤王子天赋异禀、聪慧绝伦，将来一定能担

当大任！”“唉，”阁罗凤长叹一声，自语道：“世事变迁，难以预料。我也曾信心满满，忠于大唐，岂料竟到如今这决裂地步。罢了罢了！事已至此，唯有上下一心，击破唐兵，才能给百姓安宁与和平。”

且不说阁罗凤回到宫殿，秣马厉兵，撰写文告，发动全南诏国百姓，万众一心，抵御唐朝。同时，命长子凤伽异驻守滇池，筑拓东城，统率东境诸军。另一方面，面对唐朝军队的又一次失败，宰相杨国忠显得既无奈又不甘心。他无法想象自己派出的数万军队怎能被一个不起眼的番邦小国打败呢？一面是要应付玄宗皇帝的询问，一面是不甘失败、报仇雪恨的心思，杨国忠再次谋划发动战争。

面对唐玄宗的询问，杨国忠撒了个弥天大谎。他颠倒黑白，把唐朝军队的惨败说成是胜利，把南诏国的胜利说成是失败，向皇帝进言道：“蛮夷小邦，怎能与天军对抗？阁罗凤早已弃甲脱逃，南诏溃不成军。如今我军取胜，需乘胜追击，彻底消除祸患。”杨国忠说服唐玄宗再次攻打南诏，他制定了更为庞大的计划，力求一举歼灭南诏，以雪前耻。

为了这一次征伐南诏，杨国忠在全国大举征兵，尤其是在两京、河南、河北地区，更是大规模地招兵买马。唐代诗人李白曾写下诗歌《古风》（其三十四），将当时的情景刻画得淋漓尽致：“羽檄如流星，虎符合专城。喧呼救边急，群鸟皆夜鸣。白日曜紫微，三公运权衡。天地皆得一，澹然四海清。借问此何为？答言楚征兵。渡泸及五月，将赴云南征。怯卒非战士，炎方难远行。长号别严亲，日月惨光晶。泣尽继以血，心摧两无声。困兽当猛虎，穷鱼饵奔鲸。千去不一回，投躯岂全生。如何舞干戚，一使有苗平。”

大规模征兵攻伐南诏，劳民伤财，天怒人怨。在军队开拔之际，不愿离去的兵卒的抱怨声，亲眷们奔走呼号的哭泣声，官吏押送出征的责骂声，抽打新兵的皮鞭声杂糅在一起，哭声遍野，无比悲壮。无数家庭面临妻离子散、生离死别、白发人送黑发人的悲剧，凄惨之状，无以言表。这次征兵引起了民众的恐惧和仇怨，不时发生民众逃避兵役和抵抗的事件。

而到了这一时期，一方面，唐朝的府兵制度已经逐渐衰败，军队的战斗力减弱，声威不振；另一方面，听闻前两次南征失败，听闻云南蛮荒之地，瘴气肆行、瘟疫遍地，蛮子军队打仗好使毒箭且有巫术，十人征战九人必亡，所以大多数唐朝军士从内心深处不愿出征，他们畏惧打仗，惧怕一旦出征就会战死沙场，再无还乡之日。因此，尚未出征，唐朝的大军在气势、勇气和信心上就已经显示出了失败的迹象。

第三次攻伐南诏，唐朝宰相杨国忠任命大将李宓为剑南节度使兼任侍御史，统领全军。

临别之际，李宓的朋友以及当时较为有名的诗人高适、储光羲等在路边设宴，为李宓送行。高适作诗《李云南征蛮诗》云："圣人赫斯怒，诏伐西南戎。肃穆庙堂上，深沉节制雄。遂令感激士，得见非常功。料死不料敌，顾恩宁顾忠。鼓行天海外，转战蛮夷中。梯巘近高鸟，穿林经毒虫。鬼门无归客，北户多南风。蜂虿隔万里，云雷随九攻。长驱大浪破，急击群山空。饷道忽已远，悬军垂欲穷。精诚动白日，愤薄连苍穹。野食掘田鼠，晡餐兼僰僮。收兵列亭堠，拓地弥西东。临事耻苟免，履危能饬躬。将星独照耀，边色何溟濛。泸水夜可涉，交州今始通。归来长安道，召见甘泉宫。廉蔺若未死，孙吴知暗同。相逢论意气，慷慨谢深衷。"

储光羲作诗《同诸公送李云南伐蛮》云："昆明滨滇池，蠢尔敢逆常。天星耀铁锁，吊彼西南方。冢宰统元戎，太守齿军行。囊括千万里，矢谟在庙堂。耀耀金虎符，一息到炎荒。蒐兵自交趾，茇舍出泸阳。群山高崭岩，凌越如鸟翔。封豕骤跧伏，巨象遥披攘。回溪深天渊，揭厉逾舟梁。玄武扫孤蜮，蛟龙除方良。雷霆随神兵，硼磕动穹苍。斩伐若草木，系缧同犬羊。余丑隐弭河，啁啾乱行藏。君子恶薄险，王师耻重伤。广车设置梁，太白收光芒。边夷静县道，新书行纪纲。剑关掉鞅归，武弁朝建章。龙楼加命服，獬豸拥秋霜。邦人颂灵旗，侧听何洋洋。京观在七德，休哉我神皇。"

李宓曾经出任过云南太守，他对西南边疆的情况较为熟悉，对于南诏王国的实力也颇为了解。这次他作为剑南节度使，统率三军攻伐南征，深知任务颇重，是否能凯旋尚难预料。看着士兵裹足不前，眷属哭泣声声，李宓心下亦黯然神伤。他知道此行前途茫茫、生死难测。举杯与诸公告别，踏上征南之路，李宓颇有“风萧萧兮易水寒，壮士一去兮不复还”的悲壮。

天宝十三年（公元754年），唐朝十万大军浩浩荡荡地出发了。

为了保证万无一失，杨国忠在任命李宓为剑南节度使统率三军的同时，还委派广府节度使何履光率安南子弟协同作战，并派出中使萨道悬逊作为监军督军作战。这一次，唐朝不仅征召了秦、陇英豪，而且还联合安南子弟，安营扎寨，广布军威。除此之外，唐朝将领一面加强对陆军的训练，一面又修造舟楫、训练水兵，在洱海东岸

大唐李宓将军塑像

驻军训练，以求水陆并发，一举而胜。李宓统率十万大军，势若狂风暴雨般向洱海地区倾轧过来。

可以说，为了取得这次战争的胜利，一雪前耻，杨国忠煞费苦心。他派出了熟悉南诏国情况的李宓统率大军，委派善于水战的何履光统领安南军队协同作战，任命中使萨道悬逊督军前行。此外，还根据南诏国的自然环境和地理位置制定了水陆齐发的新策略。

对南诏而言，从兵戎相见的那一天起，阁罗凤就已经预料到终有一天要彻底分出胜负，这样才能完全结束与大唐之间的这场争战。面对唐朝十万大军的压境，阁罗凤并未惊慌失措。相反地，他显得沉稳而严肃。阁罗凤深思熟虑，决定全民参战，举南诏一国之力，借吐蕃之兵，全力出战。他对群臣说："国之兴衰，在于是否得人心。所谓得民心者得天下。君昏而臣叛。我南诏不得已而叛唐，今大唐天兵压境，惟上下齐心，发动全民，方能取胜。"言罢，阁罗凤登上城楼，号召南诏百姓道："我南诏国立于西南，忠诚于大唐王朝，百姓安居乐业，安享太平。不料，奸臣当道，忠奸不分。如今，大唐出兵欺压南诏，如国破则家亡，无一幸免于难。唐朝固然兵多粮足，然士兵多不愿战，且气候难以适应。只要我们全民一心，定能保卫南诏！"他亲自带头，下令南诏王室无论贵族、女眷，全部参战，或作战，或救援，或缝衣，或后勤，力所能及，报效国家。阁罗凤的豪情感染了群臣，他的言行举止更是感动了南诏百姓。众人纷纷效仿，或捐资，或出力，或参军，或守城。南诏国从上至下军容整齐、军威大振，百姓肃穆、全国一心。

发动全民参战后，阁罗凤客观分析了敌我兵力。他凝视着自己的城池，看到南北有龙尾关、龙首关护卫，东西则有苍山、洱海为天然屏障。心中暗暗鼓励自己：如今

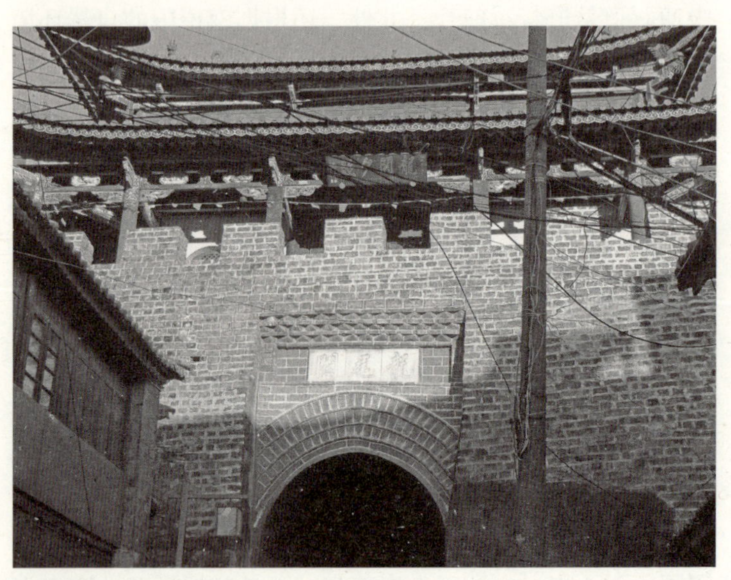

龙尾关

城池牢固，防卫森严。加上全民一心，士气大振，只需沉着应对，定能取胜！

权衡利弊之后，阁罗凤决定采取分兵出击、逐个歼灭的战术。他首先命军将王乐宽等派兵偷袭唐朝军队，重点是破坏唐军修造的舟楫，攻伐唐军的水师部队，挫败唐军士气，防止大唐水师从洱海进入南诏，拱卫南诏都城太和城的安危。王乐宽不辱王命，率军奇袭唐军。一战下

来，唐军受到重创，伏尸遍野，哀号不断，大唐的水兵几乎全军覆没。

唐军的一战而败，无疑给统帅李宓和其他唐朝军士以沉重的打击。为了完成王命，李宓不得不下令大军继续前行，进逼邓川。

南诏军队的胜利给了阁罗凤更多的自信。他进而采取诱敌深入的计谋，一方面引诱李宓的军队深入南诏腹地，另一方面则向吐蕃求援。吐蕃神州都知兵马使论绮里徐奉赞普命，驰援南诏。阁罗凤对大军将段附克说道："我今命你为大帅，统领全军，与吐蕃神州都知兵马使论绮里徐联合作战，内外相应，以掎角之势包围唐军，势必摧毁唐军主力。"段附克欣然受命。

深入南诏腹地，唐朝军队既要克服水土不服、瘴气横行的西南边疆恶劣的自然环境和气候状况，又要解决粮食匮乏、后无补给的实际困难，可谓举步维艰、困难重重。无论是唐朝的统帅，抑或每一位士兵，众人都已经疲乏至极，怨声载道，埋怨声、咒骂声不绝于耳。

行军途中，无数唐朝将士尚未到达目的地，尚未拔箭抽刃，就已经因为无法适应西南恶劣的气候，死于瘴气和疟疾，所谓"涉海瘴死者相属于路"，一路行来，还没有打仗，就见到沿途都是患病士兵，死者遍地，令人畏惧心寒。而更多的唐朝士兵则因为粮米罄尽、食不果腹而死于饥饿。

原先的十万大军稳操胜券的优势悄悄发生了变化。

唐朝军士带着饥饿、带着疲惫、带着对西南边疆瘴气和疟疾的恐惧和不安行进，他们终于来到南诏国的王城之外。

而阁罗凤统领的南诏士兵和吐蕃神州都知兵马使论绮里徐率领的吐蕃大军却是气定神闲。他们适应西南边疆的气候，不畏惧瘴气的侵扰，有应对疟疾的方法，有充足的粮草，有修整待发的充裕时间。阁罗凤稳如泰山，他指挥大军列阵以待，信心满满。

当看到唐军已经弹尽粮绝、士气低落时，阁罗凤知道决定胜负的时机到了。他跨上战马，拔出铎鞘宝刀，鼓舞三军道："我南诏今已占尽天时、地利、人和，当全力出击，歼灭唐军。"言毕，一马当先，冲入敌阵，挥刀砍杀，勇不可挡。众军见自己的诏主如此勇猛，无不动容，纷纷拔刀挥剑，拼死厮杀。

因龙尾关而得名的龙尾街

这一战打得天昏地暗、惊天动地，血流成川，积尸壅水，血水把洱海都染成了红色，血色把天空都蒙上了阴霾。数万大唐士兵还来不及摆开战阵应战，就死于南诏与吐蕃大军的刀风箭雨之中。无数的唐军尸体顺着西洱河浮浮沉沉，把西洱河的水流都堵塞住了；血流成河，日月无光。新任剑南节度使李宓见到唐军惨败，心灰意冷，厮杀中被南诏士兵箭雨射中，从马上跌落，掉入水中，沉尸洱海，战死他乡。数以万计的大唐无辜士兵在这一场战争中失去了性命，将躯体留在苍洱之间。

据说，在这一场战争中，阁罗凤的妃子和弟弟阁陂和尚都起到了非常重要的作用。阁罗凤的白妃和弟弟阁陂

西洱河

和尚均会巫术。在这一役中，白妃展开手帕，拍手而笑迷惑唐军，致使唐军陷入蒙蒙烟雾中，难辨东西，分不清敌我，因而遭到南诏军队的攻击。而传说阁罗凤的弟弟阁陂和尚素有神术，当年在结好吐蕃时，阁陂和尚曾受阁罗凤的委派，率部众到吐蕃王城时，带着十八位使臣骑兵，一

天一夜就能往返。而在这一场战争中，他使用钵法，念动咒语，震得唐军耳聋眼花，头晕目眩，毫无招架之力，导致惨败。

这一役，唐军惨败，南诏大获全胜。

战争结束后，阁罗凤率领随从沿着苍洱之间巡视。

斜阳胜景石坊

他见到曾经苍洱毓秀、风景美如画的故乡，变成了满目疮痍、乌鸦云集、死尸成堆、野狗成群、臭气熏天的人间炼狱，时不时传来若有若无的呻吟声，那是肠穿肚烂、唯存一口气息的唐朝士兵临死前的最后挣扎。面对血流成河的惨景，面对大唐无数将士的尸骨，阁罗凤的心情无比沉重，即使战争的胜利也无法抚平他眉宇间的深深皱褶。他感叹道："如果说生是怨气的开始，那么死亡就是怨气的终结了。就让一切随着大唐将士的死亡结束吧。"他下令收集唐朝阵亡将士的尸骸，立万人冢，掩埋唐军尸骨，又

斜阳峰麓

命设祭坛，亲自前往祭奠。阁罗凤言道："大唐无德，冤枉南诏，为了平冤，南诏才以力争。不想，触怒天威，兴兵南讨。我军再三礼遇，申诉冤情而无果，致使双方交战不息。如今积尸如山，遍地冤魂。诸位将士背井离乡来到云南，亲眷望穿秋水盼归期，却不想今日命丧黄泉。我阁罗凤，作为南诏诏主，只有供奉酒肉米饭让诸位饱餐，烧上冥钱元宝让诸位享用。诸位酒足饭饱，就好好上路吧！"祭祀中，阁罗凤不忍大唐将士客死异乡，心底悲痛，泪流满面。同时，他命人装殓剑南节度使李宓将军的尸体，埋葬于苍山十九峰之斜阳峰下。

阁罗凤的气度胸襟和行为得到了群臣和百姓的赞赏，纷纷夸赞他是"仁义圣明"之主，称"诏王仁慈爱民，胸襟开阔，定能安定天下，开南诏盛世！"

李宓元帅征南全军覆没的消息传到大唐国都，举国上下无比震惊。加之长安一带水灾旱灾接踵而至，饥荒苛政瘟疫肆虐，弄得人心惶惶。

万人冢以及相关的传说故事

三次天宝战争，特别是最后一次天宝战争尤为惨烈。战争结束以后，关于天宝战争的战事，关于万人冢有许多说法；关于天宝战争的传说故事也流传于民间，一代又一代被世人传扬。

相传在与张虔陀结仇，先后爆发了两次天宝战争后，阁罗凤外联吐蕃。同时，规定国人十四岁至五十岁都必须习武。

天宝十三年（公元754年），唐玄宗派剑南节度使留后李宓、节度使何履光率领十万大军，分兵三路，直捣云南。李宓长子李贞元任副总兵，率领唐军从红山出发，过沙坪、江尾，与南诏军队战于沙坪。阁罗凤派长子凤伽异联同军将段俭魏兵分两路，水陆夹击。征战中，唐副总兵李元贞中箭，投江而亡，唐朝军队三万人在沙坪全军覆灭。

另一支唐朝军队以水师为主，约两万人，由唐将何履光统率，负责在下河口（今海东乡下和村）造船，训练水兵，准备实行水战。针对唐军的水师部队，阁罗凤派出六军入夜袭击水军，除了节度使何履光率领数十骑人马逃脱外，其余唐军全部战死。

剑南节度使李宓的次子以及由他率领的五千余唐军

在旧铺遭到南诏军队的伏击，统将和士兵全部阵亡。

中军由李宓亲自统率，共五万余人，屯集在石和城一带。当时，由于大多数唐军不适应西南边疆的自然环境和气候条件而感染瘟疫，突发疟疾，死去很多人。不仅如此，唐朝大军还面临着粮草被断、食不果腹的困难。为了解决粮食问题，唐朝将士只能下河捕鱼、采摘刺果作为军粮充饥。

由于救军粮刺果属于沙棘科，多食会引起腹胀如鼓，致使大多数唐兵无力作战。李宓发觉情况危急，打算以速战速决的方式结束战争。他率军主动向阁罗凤讨战。在战争进行到紧要关头，唐朝军队正在进攻玉龙关之际，南诏军队中突然出现一蛮女、一梵僧。梵僧击打钵盂，震得唐军耳目流血；蛮女展开红帕，释放出迷蒙烟雾，让唐军难辨东西。唐军受到重挫。随后，阁罗凤又在唐军的行进途中设下计谋，他令人用朽木调换作为吊桥的桥板，李宓中计，跌倒深陷在龙尾关外的淤泥中，难以自拔。阁罗凤再三劝李宓投降南诏，李宓怒骂之。阁罗凤抽出弓箭，射杀了李宓。唐朝将士群龙无首、四处奔逃，被南诏军士围捕追杀，共斩唐军首级两万多个，致使

大唐天宝战士冢碑铭

西洱河为之堵塞。随后，又于战街（今下关天宝街）全歼唐朝余军。

天宝一役，唐军惨败，李宓全军覆没，数万唐军尸骸漫山遍野，在苍洱之间随处可见。是夜，阁罗凤伏在案上沉沉入睡。半梦半醒之间，突然见到唐将李宓。李宓告诉他："唐朝军队的失败，并不是因为南诏军士的勇猛，而是天意使然。唐朝阵亡的军士无数，颇为悲壮，也颇可怜，希望能收集他们的尸体骨骸，予以埋葬。"从梦中惊醒过来，阁罗凤若有所悟。第二天，他下令收集唐朝将士的尸骨，于青木林瓦窑旁埋葬，立万人冢。冢成，阁罗凤率领部众以礼祭祀。后来，他又寻得李宓将军的尸体，单独埋葬在苍山斜阳峰麓，册封李宓为西洱河河神。

明代云南总兵邓子龙见到万人冢，曾经感慨赋诗："天宝南征以捷闻，谁怜枯骨卧黄昏。惟有苍山公道雪，年年披白吊忠魂。"

郭沫若游万人冢诗赋

民国二十九年（1940年），当地政府曾经专门成立天宝公园建筑委员会重新修葺大唐天宝战士冢。

1961年秋，我国著名文学家郭沫若先生也曾游览过大唐天宝战士冢。当时，他见到邓子龙的诗歌，也为万人冢题诗一首："天宝何能归盛唐，南征一度太周张。万人京观功安在，千载遗文罪更彰。我爱将军诗句好，人传冤鬼哭声藏。糊涂天子殃民甚，无怪蒙尘到蜀疆。”

此外，尚有许多天宝战争的相关传说故事在野史、古籍中有所记载和收录。

不久之后的天宝十五年（公元756年），范阳节度使安禄山反。六月，安禄山攻入潼关，唐玄宗仓惶西逃。此后，大唐陷入连年征战之中，自顾不暇，再也无力经营西南边疆了。

在将近半个世纪的时间里，南诏国成为大唐西南边疆相对独立的一个地方民族政权。直到唐贞元年间，阁罗凤的孙子异牟寻时期，南诏国才重新归附大唐。

安禄山叛乱发生后，吐蕃与南诏联合，数次攻伐唐朝越巂、会同等地，获取了极大的利益。

唐至德元年（公元756年），吐蕃致书阁罗凤，邀约南诏共同攻伐唐朝越巂、会同诸郡县。为了践行当初与吐蕃盟誓时许下的誓言，南诏王阁罗凤恭奉受命，派大军将洪光乘、杜罗盛、段附克、赵附于望、罗迁、王迁、罗奉以及清平官赵佺邓等，率兵随行，由吐蕃大将统率全军，从昆明路（今四川盐源县一带）进发，在吐蕃宰相倚祥叶乐和节度尚检赞的带领下，攻打越巂。越巂郡是入川第一大城，城府繁华，富豪颇多。因为唐朝将士固城防守，在被攻克之后夷为平地，百姓尽被斩杀。而另一个郡县会同则因为投降而免于兵燹之祸。

南诏国在这一次征伐中获得了丰厚的利益回报：俘获了数以万计的唐朝子女，返回途中，俘虏连绵不断，将道路都堵塞得无法通行；收罗的金银细软、玉帛珍宝、绫罗绸缎应接不暇；获取的牛马羊群装满了圈舍；得到的粮食稻谷充盈了谷仓。而这一切无疑为南诏国的发展积淀了丰厚的基础。

第二年（至德二年，公元757年），唐王朝重新设置了越巂郡，任命杨珽为越巂都督，同时负责台登城的防御和护卫。吐蕃再次邀约南诏进攻越巂。阁罗凤命长子凤伽异带领军队参战，驻军泸水，见机行事。同时，令大军将杨传磨侔等，会同军将欺急历如等数道进发，一齐进攻，再次攻占越巂，并且占领台登城。越巂都督杨珽被擒，唐朝士兵尽被俘虏。天宝战争的胜利、两次攻伐越巂的获益，给南诏提供了一个新的发展机遇，南诏国由是“扬兵邛部”，声威大展，成为西南边疆一个实力渐强的王国。

斜阳峰下将军洞

苍山洱海、风花雪月是大理最美的自然风光。苍山十九峰高耸巍峨、峰峦叠翠、云雾缭绕、自在怡然；洱海十八溪发源于苍山各峰，顺流而下，汇集流入洱海，各个溪流清澈见底、灵动可爱、蜿蜒而下、潺潺有声。在十九峰之斜阳峰有一座将军洞，是大理白族地区的一座本主

将军洞风景区

将军洞风景区浑然天成的石交椅

庙，亦是大理有名的风景区之一。

将军洞依山而建，立于斜阳峰山麓。前有两棵大青树，年代久远，枝繁叶茂，要数人合围才能抱住。庙后有天然而成的石壁，依着山的形势倾斜而下，石壁中间更有天然形成的一个石坑，形如椅子，故又称为“石交椅”。

脱了鞋子，顺着石壁往上爬去，就到了瀑布脚下。瀑布沿着峰顶倾泻而下，水势较大，激流千尺，气势壮观。而孩子们和年轻人最喜爱的就是深吸一口气，从瀑布下的小路奔跑过去，尽管会被哗哗流下的瀑布水流溅得满身是水，但大家总是无比高兴和快乐，在气势如虹的瀑布声中常常传来无忧无虑和简单纯粹的笑声，给单调的瀑布流水声增添了灵动而快乐的音符。

穿过瀑布，顾不及擦拭满身的水珠，在氤氲的水雾中，人们总是要寻找那一泓清泉。在山峰的夹缝中天然而成一泓泉水，如脸盆般大小，满而不溢，清澈凛冽。“盆底”是在水流的滋养下慢慢长成的厚厚的青苔。由于没有尘世的干扰和影响，青苔翠绿而干净，从水雾中望去，朦朦胧胧，似乎更像是一个绿色的盆子盛满了甘甜的泉水。置身在如此风景中，宛若仙境一般。碧水悠悠，晶莹剔透。掬上一抔喝下，让人忍不住打个激灵，清泉冰冷甘甜，齿颊留香，沁人心腑，令人沉浸其中，久久回味，不愿醒来。

将军洞飞流的瀑布

坐落在如此美丽灵动的风景中的将军洞供奉的本主就是在第三次天宝战争中，沉江而亡的大唐剑南节度使留后李宓将军。当年天宝战争结束后，南诏王阁罗凤收殓唐朝阵亡将士的尸骨，掩埋于天宝战街一带，立万人冢加以祭祀。同时，又寻找李宓将军的尸身，将其单独安葬在斜阳峰麓，并封赐李宓为西洱河河神。

相传，到了明朝洪武初年，明太祖朱元璋派付友德、蓝玉、沐英统率大军，南下平滇。第二年，沐英来到龙尾关，与众部将商议修建德胜驿诸事宜。

是夜，沐英梦见一位身穿青衫的长髯人，身材魁梧、满面威严，对他说道：“我本是唐朝剑南节度使留后

大唐李宓将军庙

李宓，天宝战争的时候殁于此地。”同时，又对他说：“明德乾坤三百载，沐氏德厚册不衰。一朝天波风浪起，清泉流水月难圆。”

对于李宓将军屡次显化及梦中所言，沐英若有所悟。第二日，他在斜阳峰麓寻找到李宓将军的墓穴，墓穴已经半掩在黄土中。于是，沐英下令挖出李宓将军的尸骨，重新装殓于匣，加以厚葬。随后，他又修建了唐李公祠，春秋祭祀，并且亲笔题写了“李将军祠”的匾额。同时，在李宓将军的墓旁，修建天宝阁，阁中设立了天宝南征将士的牌位，安放祭坛，修造甬道，用青石铺砌。在甬道两旁，修建了两个亭台，一个命名为“安适亭”，一个称之为“听琴亭”。

明永乐年间，大理文人段天云为李将军祠书写了一

大唐李宓将军祠

副对联："父忠子孝，南征未捷，留下英魂警后世；节义两全，衰草荒冢，磷火万点洱河咽。"

此后，越来越多的当地民众到李将军祠祭拜，李将军祠逐渐发展成为白族崇奉的本主，受到白族人民的顶礼膜拜。李将军祠也从原先的塑造的初衷被赋予了更多的含义，逐渐演变成为一个风景区——将军洞。

如今，将军洞早已是大理的风景名胜区之一。每逢农历初一、十五，许许多多的人们会来此焚香祷告，祈求家宅安宁、福寿康乐。每年农历八月十五，这里更是成了一个庙会，热闹非凡。游客、香客来来往往，接踵摩肩；沿途除了卖香钱纸火之外，更多的是卖米线、凉粉和各种各样小玩意儿的。将军洞戏台上戏剧表演早已开始，外面更有专门请来的上刀山表演。表演者赤脚踏上锋利的刀锋，让围观的人群禁不住为他担心，而他的精彩表

大唐李宓将军庙里的戏台

演更是赢得一阵阵经久不息的掌声和欢呼声。

或许，人们会有这样的疑问，李宓将军作为大唐征伐南诏的统帅，他代表唐中央王朝攻打南诏，最终落得“沉江而亡”的悲惨结局。照理说，他是阁罗凤的敌人，是南诏数万百姓的敌人，当地的人们应该憎恶他。然而，阁罗凤收殓并安葬了他。甚至直到今天，征讨南诏的李宓将军不仅没有成为白族的敌人被钉在历史的耻辱柱上，反而成了白族共同崇奉的本主，立将军庙年年祭祀，时时顶礼膜拜。

对于这样的奇异现象，学界众说纷纭。但是，一个很重要的原因是天宝战争中，唐军数十万军队不可能全部战死，当有许多士卒流落云南，在洱海地区从事生产劳动，慢慢娶妻生子、落籍当地。他们追忆自己的统帅，深深地思念故土。这或许是李宓由敌人变成神灵的重要原因，而根本的原因则是中原的汉文化在洱海地区早已产生了深远影响。

立碑太和城

一千多年已经过去，沧海桑田，斗转星移。当年那一场发生在大唐与南诏国之间的打得天昏地暗的天宝战争，在滚滚的历史长河中，如同沧海一粟，早已慢慢沉淀，成为中华民族数千年来厚重历史中一朵小小的浪花，成为云南地方历史、南诏历史的一个最重要而又无法回避的组成部分。

如今，对于唐王朝为何要连续发动三次战争攻伐南诏国，阁罗凤又是如何接二连三的派遣使者向唐中央王朝求和、请罪，最终他又如何在两难的境地中做出有利于南诏国前途和命运的抉择，反叛大唐、归附吐蕃等等一系列的过程和缘由，我们只能在尚存的历史典籍和文献资料中寻求答案。

不过，有一点值得一提，那就是天宝战争结束后，阁罗凤做了两件最重要的事情：一是收殓唐王朝阵亡将士的尸骨，将其掩埋，立万人冢，带领群臣按照相关的礼仪加以祭祀；一是下令清平官郑回（即郑蛮利）书写了南诏德化碑，并将碑铭立于南诏国的国门旁，阐明阁罗凤不得已而反叛唐朝的原因。

阁罗凤作为新一任的云南王、南诏国的诏主，为人

南诏德化碑遗址

胸襟开阔，开明大度。他忠君爱民，具有远见卓识，为人内敛又务实奋进。三次天宝战争后，他常常凭栏远眺，悲叹战争给南诏国子民和大唐百姓带来的疾苦，也常常思考南诏国的未来命运和前途。他深深明白，自己对大唐和汉文化充满了尊敬与仰慕，自始至终都没有改变过。即使是与唐发生了激烈的天宝战争，不得已反叛唐朝，归附吐蕃，但向往汉文化的心始终不变。“我不能埋没事实真相，让后人误解我为大唐叛臣，也不能让大唐与南诏的友好关系毁在我的手中。”他对自己说道。于是，阁罗凤下令撰写《南诏德化碑》，立于国门外，阐明“不得已而叛唐”的苦衷。阁罗凤言道：“我的祖先父辈皆奉唐中央王朝为正朔，向唐称臣纳贡，几代人都受到大唐皇帝的封官授爵和丰厚赏赐。我是因为迫不得已的原因才背叛唐王朝。希望大唐能够容许我的子孙后代重新归附。到时候，如果有唐朝的使者来到我们南诏国，我的子孙就可以指着这块碑刻告诉他们我当年反叛唐朝的真正原因，让他们明白我的无奈和委屈。如此一来，我的罪责也就可以澄清了。”

不难看出，阁罗凤非常敬慕大唐，确切地说，是崇尚大唐的文化，敬慕大唐的文化，向往大唐的文化，追求大唐的文化。而这种崇尚、敬慕、向往和追求的更深层次的内涵，是西南边疆少数民族对大唐文化的认同和孜孜不倦的学习，阁罗凤只不过是他们的典型代表和缩影。

大唐文化真正的内涵以及深厚的积淀，是以汉文化

南诏德化碑碑文

为中心的中华民族的优秀文化和精髓。

或许可以这样说，阁罗凤敬慕大唐文化，其实质是仰慕中华民族的优秀文化和精髓。这种优秀的中华民族的传统文化，以汉文化为中心，积极吸收其他民族的优秀文化成分，已经逐渐成为中华民族的凝聚力。阁罗凤认同和敬慕中华民族的优秀文化，其真正的缘由是以他为代表的西南边疆少数民族在中华民族的凝聚力之下，对中华民族优秀文化的真切认同。

这样一来，就不难理解，为什么阁罗凤反叛唐王朝，却要揭碑国门，一再强调自己的苦衷和不得已而叛唐的原因；为什么他寄希望于子孙后辈，力求在不久的将来，他们能够重新归附大唐。或许，其中真正的原因，就是阁罗凤对中华民族优秀文化的认同。而这种认同，正是来源于中华民族强大不衰的凝聚力。

半个世纪之后的唐贞元十年（公元794年），在唐朝剑南节度使韦皋的积极斡旋下，阁罗凤的长孙异牟寻没有辜负祖父的殷切希望和嘱托，重新对唐称臣，归附唐中央王朝。唐王朝派出巡官崔佐时作为使臣出使南诏，册封异牟寻为“南诏王”，赐给贞元金印，南诏重新回归大唐，成为唐王朝统治下的一个西南边疆地方民族政权。唐中央王朝以南诏的统治范围为基础，设置了云南安抚司，令剑南节度使兼任云南安抚司的长官，即云南安抚使，对南诏实行羁縻统治。

此后，尽管南诏国不时攻伐唐朝的成都、安南（今越南）都护府等地，掳掠大量汉族子女，收罗金银珍宝，但南诏国始终没有再叛离大唐，他始终对唐称臣，奉唐正朔。

不仅如此，南诏与唐王朝在政治、经济、文化诸方面的联系更为紧密。这也证实了云南自秦汉以来就是中国的一个有机组成部分，以汉文化为核心的中华文化已经在云南扎下了根。

开创云南发展新篇章

天宝战争后，阁罗凤励精图治，治理南诏。他仿效唐朝，制定了南诏的政治制度、军事体制，确定南诏立国根本；重视农耕，大力发展农业经济；建立行政区划，有效实施统治；拓东、开南、镇西、宁北，拓展南诏疆土；羁縻边疆少数民族，维护南诏稳定安宁；结交外国，营造南诏发展的良好环境。总之，阁罗凤开放、进取、包容、和善、务实、内敛、进取、团结，他促进了南诏政治、经济、文化、军事、外交等各个方面的全面发展，开创了南诏的盛世时期。

天宝战争结束后不久，由于安禄山叛乱的发生，唐王朝举朝震惊，忙于应付战乱，唐玄宗离开京师，疲于奔命，无暇南顾。南诏国得以在战争的创伤中休养生息，逐步发展。而暂时脱离中央王朝的统治，使得阁罗凤在失去唐朝的庇护的同时，也得到了一个全新的独立发展机遇。

新修建的大理古城墙

阁罗凤回顾南诏国立国以来的风雨历程，纵观时局，知道自己面临着前所未有的机遇，也面临着前所未有的挑战。他在群臣面前坦言道："如今的南诏是机遇与挑战并存的时期。脱离大唐，虽然失去大唐的扶持，然而也给了南诏一个珍贵的独立发展机会。南诏立国时间不长，诸多事务需从头开创。如何发展南诏，我尚未完全把握，然总要把握一条准则，即学习大唐。大唐繁华昌盛，百姓殷实，国力强大，国库充实，皆根源于先进的汉文化，今南诏需认真学习，并在摸索中不断前进。"说到这，阁罗凤扬了扬眉，继续说："我有信心带领大家开创一个新的发展时期，还望君臣一心，共创大局。在座诸位大臣、将军均是我南诏历代功臣，今后，阁罗凤尚需仰仗各位元老，请各位元老集思广益，多献良策。”

作为边疆少数民族首领，阁罗凤睿智而谦虚，自信而务实，他分析时政的一席话有理有据，展望未来，充满自信，赢得了南诏文臣武将的一致认同。君臣商议月余，制定了今后南诏发展的总体方向，即积极学习大唐文化，设立政治制度；完善军制，建立完备的军事制度；拓东、开南、镇西、宁北，拓展南诏国的疆土；建都大理，使得洱海区域成为云南的政治、经济、文化中心；制定民族政策，管理边疆其他少数民族；以开放、包容的心态积极结交异邦，交好他国。

自此，南诏国步入了一个全新的发展时期，政治、经济、文化迅速发展，揭开了云南发展的新篇章。

学习汉文化，建立政治制度

阁罗凤敬慕大唐文化。从儿时起，他就积极学习汉文化，不是圣贤的书从来不读。随着年龄的增长和慢慢执掌南诏国的国政，他更加意识到要使南诏国发展和进步，就决不能固步自封，必须积极学习先进文化，以弥补自己的不足，促进自身的进步。

无论是在与唐王朝交好的时候，还是天宝战争爆发，双方的正常交往受限的时候，阁罗凤从来没有放弃对

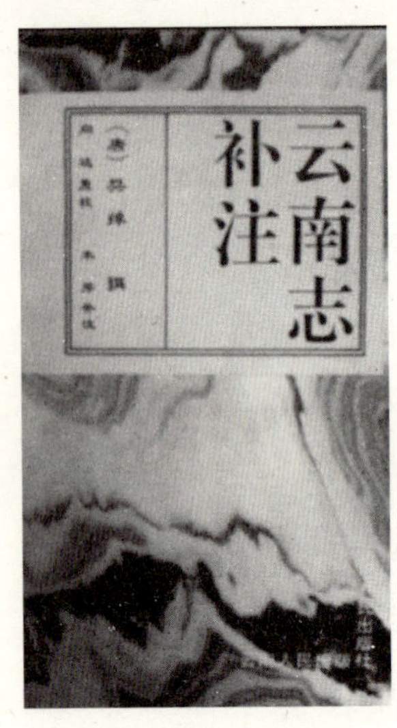

樊绰《云南志》

汉文化的学习。

天宝五年（公元756年），阁罗凤应吐蕃邀请，出兵巂州，攻占了越巂和会同。第二年，他再次与吐蕃联合用兵，攻伐越巂，占领台登城。这两次攻伐，除了获得大量的金银珍宝和牛羊谷物之外，南诏还俘获了一大批汉族子女，其中最为著名的就是郑回。

郑回本是相州（属于今河南省）人，在被俘的时候，他担任唐越巂州西泸县县令。由于郑回学识渊博，汉文化水平较高，必然受到仰慕汉唐文化的南诏王阁罗凤的关注。

阁罗凤赏识郑回的学识，敬慕郑回的儒学造诣。他亲自拜会郑回，对他说道："大人学识渊博，谦虚有礼，令人尊敬。阁罗凤仰慕大唐文化多年，今大人来此，实是南诏之幸。我想委任大人担任王室的老师，教授王室子弟们学习汉文化知识。"郑回十分感念阁罗凤的知遇之恩，他欣然受命，出任王师。郑回治学严谨、兢兢业业、严格要求、传习儒学，向王室子弟讲授汉文化的思想精髓。阁罗凤长孙异牟寻也是郑回的学生。阁罗凤常常教导他："你虽贵为王孙，但对老师要恭敬有礼，虚心请教，唯有学习汉文化的精髓和汉人治国安邦的思想，今后才能担当大任。”

阁罗凤对郑回的学识才能十分欣赏，他也敬重郑回的人品：既为老师，就严肃认真，一丝不苟。不久之后，阁罗凤赐郑回一个新的名字：郑蛮利。

据说，阁罗凤立碑南诏国，阐明不得已而叛唐的原因，以及彰显自己功绩的《南诏德化碑》，真正撰稿的人就是郑回。

不仅如此，阁罗凤死后，由他的长孙异牟寻继承大统，异牟寻也非常尊敬郑回，让他担任王室子弟的导师，教授汉文化知识，并给予他能够鞭笞王室子弟的特权。同时，还任命郑回为清平官，负责南诏国的各种政务。贞元十年（公元794年），异牟寻之所以能够重新归附大唐王朝，除了南诏自身的利益需要和唐剑南节度使韦皋的积极斡旋，郑回功不可没。正是他诚心的规劝，正是他的积极协调、出谋划策，才最终说服异牟寻归顺大唐。

或许，我们可以说，郑回是汉文化代表的缩影。阁罗凤之所以敬慕郑回、重用郑回，其根源是他对汉文化的追求和崇拜。赏识郑回，不过是阁罗凤崇尚先进的

文庙

汉文化，积极学习汉文化的一个例子而已。

阁罗凤在学习汉文化的基础上，决心仿照唐代官职，设立南诏国的职官制度，从而奠定了南诏国的政治统治基础。

南诏国的官僚制度仿唐代六部而设，共有九爽：幕爽负责管理军队的事务；琮爽负责管理户部和户籍人口；慈爽负责管理礼部的事务；罚爽负责管理刑部的事务；劝爽负责管理吏部的事务；厥爽负责管理公共事业和工程事务；万爽负责管理财务诸事；引爽负责管理外交事务；禾爽负责管理商部和商贾诸事。此外，南诏国还根据自身的实际情况设立了三托：乞托专门负责管理马匹的饲养诸事；禄托专管牛群的喂养等各项事务；巨托则负责粮食储备。各个部门各司其职，又围绕南诏王的政令行事，井然有序，有条不紊，成为南诏国统治的政治基础，维系和支撑着南诏国国家机器的正常运行。

异牟寻继承南诏国王位之后，将九爽撤销合并为六曹：即兵曹（主管军事）、户曹（主管户籍人口）、客曹（主管外交）、刑曹（主管刑罚）、工曹（主管工程建设）、仓曹（主管仓廪储备）。六曹分别设有六曹长，曹长功绩卓著的得以升迁，补任大军将。

应该说，无论是九爽抑或六曹，仅只是名称的差异而已，其职权大同小异，都是支撑南诏国国家管理机器正常运转必不可少的部门。六曹不过是对九爽的继承和创新。因此，可以说，阁罗凤创立了南诏国统治的政治基础，奠定了此后百余年南诏国的官僚体制和政治制度。

在九爽之上，阁罗凤设立了大军将。大军将的职位共有十二个，与清平官同列，每日参与南诏王议政。大军将除了在朝堂上与诸大臣商讨国事之外，还到各个要害城镇担任节度使，成为地方最高军事和行政长官，负责南诏国的各要害城镇的军务和各种事务。大军将中功绩显著和立有功勋的，才能得以封授清平官。

清平官又称坦绰、布燮、久赞，负责决断南诏国的重大国事和政务，相当于唐朝廷的宰相一职。清平官可谓一人之下，万人之上。他们位高权重，掌管着南诏国的一切国事，是阁罗凤的智囊团，为阁罗凤献计献策，谋划一切，是南诏国最高决策的权力核心集团。

清平官共设有六人，每日与阁罗凤商讨国内大事。其中，设内算官一职，让一位清平官兼任，负责起草文书、拟定诏书等各种机密文书。内算官下设有副职两名，负责协助他的各项工作。

同时，又设立了外算官职务，共两名，由清平官或者大军将兼任，主要负责统摄百官，为南诏王的辅相。

此外，阁罗凤还根据实际需要设立同伦判官两人，专门负责将南诏王的各种政令和处置措施等梳理记录之后，将主要内容转给九爽官员，传达南诏王的政令意见。

清平官、大军将组成了南诏国的统治核心，九爽则保障南诏国国家机器的正常运转。除此之外，阁罗凤在地方和王国的基层也设立了相对严密的统治机构，所谓一百家设总佐一名负责管理，一千家设治人官一名负责管理，一万家则设都督一名负责管理。

这样一来，从政权中心到基层，阁罗凤设立了相对完备和严密的统治机构，成为促进南诏国发展和进步的坚实的政治基础。

阁罗凤在设立官僚体制的同时，还效仿唐朝，为各级官员规定了品级各不相同的官员服饰。他对众臣说："大唐按照品级不同，其衣着服饰也各有差别。今我南诏既仿大唐定职官制度，立政治体制，则学就全学，服饰也须按品级订立。"由于南诏国的衣着服饰，男子都习惯披着毡子，其余衣服则和汉唐服装大致相同，最大的不同在于头饰。因此，制定后的衣冠制度，南诏王的头饰用红绫制成，其余官员和军将的头饰则用黑色的绫罗制成。无论清平官、大军将或一般官员，都按照习俗赤脚，不穿鞋袜。曹长以下，得系金腰带。

南诏国以大红色和紫色为尊贵的颜色，更将老虎皮视为珍宝。在南诏国，最看重的就是立功受赏。一般而言，立功者得以穿戴紫色的服饰，在衣服的前胸或者后背上缝制老虎皮，既是装饰，更重要的是功劳的展现；更有立大功者得以穿戴大红色锦缎织成的衣服，并在前胸和后背上均缝制老虎皮；如果功勋卓著，则可以披戴整张老虎皮制成的服饰以彰显尊贵。

完善军制，建立完备的军事制度

全民皆兵是南诏国军事制度最大的特点，所谓“壮者皆为战卒”，一切青壮年都必须服兵役，平时为农，战时为兵。

阁罗凤在南诏原先的军事体制上，重新对其进行修改和完善。南诏国的军队主要有两种类型，即骑兵和步兵。所谓有马者为骑兵，无马者为步兵。无论骑兵还是步兵都根据居住村落的远近和方位分为四军，四军按照旗帜颜色的不同加以区分，分别为东军、南军、西军和北军。四军的规模各不相同，有的为一千人，有的为五百人。但无论人数多寡，均设一个将领加以统率。东南西北四军共设四个将领。同时，每四军又置一个军将，负责统率诸军，管理军务。

南诏国的军事管理较为严格，奖惩亦清楚分明。一旦有盗贼或者侵犯者进入南诏国的边境，那么东南西北各面的军队就要担当抵御入侵、保卫王国边境安宁的重任。如果处置不当，致使入侵者越过边境，进入南诏国的统治范围内部，则按照盗贼或侵犯者进入的方位对四军将领予以惩治。也就是说，如果盗贼或入侵者从东面而来，那么就惩处东面军将治军不严，没有及时发现敌情；如果盗贼或侵犯者从西面而来，那么就严惩西面军将治军松懈，没有及时防御敌人入侵。南面和北面的情况也与此相同。

四军主要根据南诏国民众居住的地理位置来设置，分东南西北四个方位设立，负责保卫南诏国的边防安全，防御和抵制入侵者的侵略和进攻。

尽管总体来看，南诏国的军队主要由骑兵和步兵组成，但具体而言，南诏国国内的兵种分类又详细而具体。有作战先遣部队、南诏王的仪仗队、南诏王的亲兵、南诏王和南诏贵族的警卫等等。

望苴蛮是南诏国境内的一个族类，主要居住在澜沧江以西的地域范围之内。望苴蛮生性勇敢善战，无论男女，身手都较为敏捷灵活。同时，他们马术超群。骑马的时候，根本不用鞍辔，直接跨坐在马匹身上，掖着马鬃就能驰骋疆场。望苴蛮善用长矛和利剑，作战时，一般只用短小的铠甲护住胸口和腹部，在头盔上插满牦牛的尾巴作为装饰，策马扬鞭，勇猛无比。

南诏王阁罗凤熟谙望苴蛮的习性。他重用望苴蛮，充分发挥他们勇捷善战的特性，让他们组成作战先遣部队。

每当出征和作战的时候，望苴蛮总是作为前驱率先出击，他们持矛挥剑，策马扬鞭，冲锋陷阵，身手矫健，每每首战告捷，取得胜利；同时，望苴蛮勇猛善战，又能给后面的大部队扬军威、振气势，激励士兵的勇气和斗志，调动军队的作战积极性，以保障南诏军队在战争中尽最大的可能取得胜利。

罗苴子也是南诏国常备军中的一支精锐部队。罗苴子从四军中选出，通过层层严格选拔，武艺超群、作战勇猛的才能成为罗苴子。因为罗苴子来源于四军战士，是四军士兵中的优异者，故又称为四军苴子。

罗苴子一般戴着红色的头盔，身披犀牛皮和铜器制成的铠甲护身，赤脚奔走，健步如飞。每一百个罗苴子组成一个作战单位，设罗苴佐一名统领。

每逢有战事发生，罗苴子总是作为先锋首先出战。他们在罗苴佐的指挥下，与望苴蛮相互配合，协同作战，率先出击，奋勇杀敌，在南诏国的无数次战事中立下赫赫战功。

罗苴子中身手敏捷、建立战功者得以入选为负排。负排是南诏王和清平官、大军将等贵族的警卫。负排的人数没有定额，只要成绩显著者都可以入选。他们与南诏王和诸贵族形影不离，起坐不离身，负责贴身护卫南诏王阁罗凤和诸位清平官、大军将的生命安全。

作为西南边疆的一个逐渐强大的王国，南诏国国王还有专门的仪仗队。仪仗队的入选资格审查最为严格，一般的蛮夷不得入选，只有清平官的子弟才具备当选资格。

南诏王的仪仗队称为羽仪，人数没有定额，凡是清平官子弟中的优秀青年都可以成为羽仪。羽仪常常跟随在南诏王的左右，既作为仪仗队，又是南诏王的随从和贴身近侍。

羽仪中的成绩卓著者当选为羽仪长，羽仪长共有八名。他们不仅负责管辖其他羽仪的一切事务，而且也是南诏王最亲近的随从。

按照惯例，清平官、大军将等面见南诏王的时候，都不能佩戴刀剑，而唯有羽仪长可以戴剑觐见南诏王，时时出入南诏王的寝宫。由此足以想见，羽仪长尽管不负责公事，没有决策大权，但作为南诏王的随从，的确得到南诏王的信任，是南诏王的心腹亲信。

朱弩佉苴是南诏王的亲兵。他们完全听命于南诏王，负责保卫南诏王宫，护卫南诏宫室的安全。

阁罗凤建立了完备的军事体系，确立了南诏的军事制度。在此基础上，他还制定了严格的军事训练制度、考核制度、监督制度和奖惩制度，严明军纪，提高军队战斗力。

每年农历十一月、十二月，也就是农闲时节，负责掌管军事的幕爽官员就开始下发训练文书。训练动员令下发到每一个村落。村落里的青壮年依照四军编制集结在一起，各自检查、完善自己的武器装备，包括枪剑、甲胄、腰刀等。届时，有专门的人员来一一进行检查，刀剑枪头是否打磨锋利，甲胄是否完备，但凡稍有差池，就要予以严惩。

四军集结完毕，开始进行操练。南诏国军队打仗讲究阵法，罗苴子列阵在前，其次是弓箭手，紧随弓箭手的是骑兵。各个兵种依照阵法布置各自排列，又各自成为一个作战整体，进行训练和演习。

每一次操练和演习都模拟实战，真刀真枪，一如临敌。如果在演习中，各个兵种的军队出现失误，则视为违反军令，加以惩治。

为了训练四军，提高作战能力，阁罗凤还十分注重训练场所的建设，大凡南诏国的都城、城镇、村邑都设有专门的战斗训练场所。

南诏国在王城和各个城镇、村邑均设有训练场所。只要有空平的地方，就树立一根长八十尺的木头，在上面刻上考核标识，这个长木称为颇柱。训练者手持竹剑，在距离颇柱四十步的距离之外策马前行，奔至颇柱下，刺中标识核心者为优秀，刺中标识外第一环的为优良，刺中标识外第二环的为合格。每当农事不忙的时候，村邑中的有马者都会骑马到颇柱下操练演习，这已经成为惯例。

阁罗凤为了了解自己军队的作战实力，常常在政务处理完毕后带着几个随从到乡野田间的训练场观看检查。他会亲自纠正错误，示范规范。

对于骑兵和步兵，阁罗凤更为重视，并制定了各不相同的入伍资格审查、训练和考核机制。阁罗凤曾言："南诏一国军事实力，主要仰仗骑兵和步兵。兵强则国强，兵弱则国衰。"

按规定，要想参加骑兵，除了有马之外，还必须在考核项目中有五次成绩为上等。骑兵的考核包括骑术、箭术、剑术、防身术、知识水平等项目，只有那些骑术精湛、射箭成绩优异、擅长舞刀弄枪、具备避让刀剑防身术、会算数能书写的人才能成为马军。

步兵的训练和考核也颇为严格。步兵因作战方式与马军不同，所以训练和考核的科目也不相同。步兵的考核科目有行军速度、腾跳能力、游泳技术、剑术、负重能力等等。具体而言，包括如下项目：在点苍山山顶立一面旗帜，先攀登上山顶旗帜下的为成绩上等；挖一个一丈三尺的大坑，能一跃而过、不落入坑中的为成绩上等；在水流湍急的河面能够逆流而上，一次游泳二千尺的为成绩上等；剑术精湛为成绩上等；能够背负一石五斗米，一次行军四十里的为成绩上等。只有所有的考核科目成绩都为上等的步兵才能入选为罗苴子。

除了平日刻苦的训练，南诏国还制定了严格的军事监督制度。

每次作战，南诏王阁罗凤都会派遣清平官或者是他的一名心腹在军队里督军作战。派出的监军，主要的任务是将每一次战斗中各个战将是否全力出战、是否作战勇敢、是否懈怠不前、是否贪生怕死的情况一一记录在案，将这些详细情况回复南诏王。南诏王以这些记录作为依据和凭证，在战争结束后进行相应的奖惩，有战功的进行封赏，逃跑懈怠的进行惩处。

南诏国较为注重军功，对于在职的所有官员，都根据战功的大小来决定赏罚和黜陟。即使是军将违反了军令，也要进行惩治，或者杖责五十，或者杖责一百，视违纪程度而定。如果犯错严重的，则迁往瘴疠之地，终生不能回来。

而对于一般的士兵，奖惩同样明确和严格。阁罗凤对士兵们说："每次作战，从受伤之处就可看出是否竭尽全力。如果是面部和身前受伤的都是奋勇杀敌、全力进攻的士兵，我将给予表扬和赏赐；如果是后背受伤的士兵，必然是逃跑被击中的，我定会给予批评和惩罚。"以此来激励士兵奋勇杀敌。

同时，为了激励士兵的斗志，尽快结束战争，南诏国还做了特殊的规定。对于出征的每一个军士，自己筹备干粮，并且每次只能携带粮米一斗五升和少量的鱼干肉脯，除此之外，没有任何军粮供给。同时，又规定战争胜利后，准许士兵劫掠。军士担心粮米罄尽，每每作战勇猛。一旦取得胜利，就四处劫掠，收罗米谷牛羊。

要最大可能地保证在战争中取得胜利，在攻伐中战胜敌人，仅仅依靠好的军队和好的军事素质还不够。先进的武器、精良的装备也必不可少。

阁罗凤对于武器的制造也较为重视。在南诏国，刀剑弓弩等武器制造业发展迅速，以铎鞘、郁刀、南诏剑、枪箭的制作技术最为精良。

铎鞘锋利无比，为南诏国的罕见之宝，唯有南诏王阁罗凤才能佩戴和使用。

郁刀仅次于铎鞘，也是南诏国比较精良的武器。郁刀的造法秘密而独特，在锤炼时添加毒药、鱼虫之类加以锻打，又用白马血淬炼，经过数十年的锻造才能使用。郁刀锋利有毒，只要刺中肌肤，就能置人于死地。

南诏国擅长用剑，无论贵贱都佩戴南诏剑，且剑不离身。南诏剑的制作技术也较为独特，用生铁锻造，经反复锻打、淬炼而成。又用犀牛皮和金银作为装饰，既实用又精美。南诏剑的制作以原先浪穹诏、施浪诏和邓赕诏等地的最好，因此，又称为浪剑。阁罗凤佩戴的南诏剑就是三浪诏的工匠铸造的，至今已经传了六七代。

枪箭是用竹子削尖制成的武器。制作枪箭的竹子多用斑竹，以今巍山、弥渡一带所产的最好，心实圆紧，柔韧性强，最适宜于制造枪箭。

除了武器之外，将士的护身铠甲也必不可少。南诏军士的铠甲多用犀牛皮制造，杂以牛皮。犀牛皮多出自腾冲高黎贡山一带。当地人挖陷阱抓住犀牛，斩杀取皮，制成铠甲护身。

在南诏国，骑兵、作为先锋的罗苴子以及充当阁罗凤和清平官警卫的负排，均用犀牛皮制成的铠甲护身。

总之，由于兵种不同，训练方式和考核方式也各不相同。每次训练，视同实战，科目繁多，操练严格，军纪严明，军威振奋，这一切都是为了提高南诏国士兵的作战能力和斗志，旨在能够以严格的训练方式，操练出一支作战勇猛、军事素质较高、技术全面、装备精良、武器锐利、战斗力强的军队，以保证南诏国的每一次出征都能取得胜利。

同时，完备的军事制度也为南诏国的逐渐强盛奠定了强大和坚实的军事基础。正是拥有这样一支军威振奋、作战精良的军队，阁罗凤才在继承南诏国大统之后，拓东、开南、镇西、宁北，开疆拓土，扩展版图，开创了云南历史上辉煌的新时代。

重视农耕，发展南诏经济

阁罗凤历来重视农耕。他自幼就从汉学书籍中得出一个道理：农业乃国之根本。只有发展农业，才能国富民强。即位后，他十分重视农业。经历天宝战争后，他更加明白战争的决胜在于实力，而实力的保障在于农业。因此，他下令全国重视农业，奖励农耕，推动了南诏国农业经济的快速发展。

在南诏国的版图内，曲州、靖州以南，滇池以西的广大地区，素来是云南农业最发达的地区，主要以种植水稻和小麦为主，其余则零星种植一些麻豆黍稷之类。

这一地区农业种植主要是水稻和大麦的轮种。水稻种植每年一熟。一般而言，农历八月收割稻谷。稻谷收割完毕则种下大麦，到第二年农历三月四月，大麦成熟，开始收割。收割之后，复种植粳稻。

小麦则多种植在山冈和丘陵地区，长势较好，农历十二月下旬，小麦就已经开始抽穗，成熟时节和大麦大致相同，可以同时收获。

同时，这一地区的南诏国民众已经掌握了农田种植的方法，并且使用二牛三夫的犁耕方式，一人牵牛、一人持犁、一人秉耒。通过精耕细作的种植方式，提高收成。不仅如此，灌溉农田的水源多用源泉，以保证无论水旱都能丰收。耕作方式的精细和种植技术的不断提高，大大促进了农业的发展。

阁罗凤比较重视农业的发展。他规定，在南诏国无论贵贱，都要从事农业耕种。农耕时节，他总是带着王室子孙扶犁耕地，亲自耕种。同时，阁罗凤还制定并颁布了农业法令。对于官员的田地分配是依照官员官职的大小，授予不同的田地。规定上官给田四十双，上户给田三十双（双，是南诏国特有的田土单位，每一双相当于五亩土地）。而对于普通民众，则规定凡是有技艺的就分给田地。

根据法令规定，农作物收割完毕，依据每户人家人口的多少，分配给相应的粮食，除此之外的全部粮食都要上交国库。每每到了收获季节，驻守城镇的官员就会将专门负责管理农事的官吏下派到田间地头，催促百姓收割粮食，监督他们将分配之外的全部粮食按期上交。收获时节，阁罗凤经常到田间巡视。他发现有的官员有贪污和强征的行为后，十分震怒。回到宫廷后，阁罗凤紧急召见群臣，说起见到的情形，他怒道："农业乃国之根本，百姓亦国之根基。如今，却有不法之徒借收缴粮食之机，克扣百姓，欺压良民，实罪大恶极。"他随即颁布了专门的法令，规定如果监守的官员有向百姓索求招待饭食行为的都将给予严惩。如果有这样的情况，一经发现，则施以杖毙之刑。

畜牧业也是南诏国农业经济中最为重要的一个方面。在畜牧业中，最重要的就是马匹的养殖。战争的频繁和攻伐的不断，使得战马成为南诏国最大的需求。于是，马匹的养殖也相应发展。

南诏国的马匹，以越赕川东面一带的越赕马最好，因为当地自然环境优越，水草肥美，适合养马。小马驹初生时如小羊羔一般大小，需要精心喂养。一年之后，等马儿逐渐长大，才用马笼头系住。越赕马的喂养方式较为精细，出生的前三年，需要悉心照料，喂给米糊和清粥；四五年才逐渐长成，六七年才算真正养成。

由于自然环境较好，水草丰茂，加之饲养方法精细，越赕马一般茁壮高大，尤其善于奔驰，日行数百里而不会疲乏。越赕马品种优良、擅长奔驰，因此，又将它称为越赕骢。在越赕骢中，尤其以全身雪白的最为珍贵。

南诏国较为重视马匹的养殖。除了越赕骢外，在腾冲、申赕和次赕、滇池流域一带也有马匹养殖，品种也不错。在都城羊苴咩和邓川、喜洲一带也各有槽枥，喂养马匹数以百计。

牛的品种也较多，在滇池地区多饲养黄牛。天宝年间，一家就养殖了数十头黄牛。通海以南则多为野牛，成百上千头野牛散居山林。弥诺江以西产牦牛。开南（今滇南一带）则饲养大象，每户人家都有数头大象，代替耕牛用于耕种。

此外，猪、羊、猫、狗、骡、驴、兔、鹅、鸭等也是常见的家禽牲畜，一般人家都有饲养。

南诏国没有桑树，一般用柘叶饲养蚕种。在南诏，村邑人家多种植柘树，以柘叶喂蚕。抽丝的方法也和中原不同。抽出的蚕丝制成锦缎和绢布。锦缎织得较为密致，色彩绚丽，以红色和紫色最为尊贵，只有南诏王室和清平官等贵族才有资格穿戴锦缎织成的衣服。他们的衣服不仅用锦缎纺织成锦绣图案，而且用老虎皮作为修饰，绚丽多彩、华美高贵。而一般的百姓不允许穿着绫罗绸缎，只能将绢布织成衾衣，作为穿戴的衣服，稍许加些刺绣作为装饰。

在阁罗凤统治时期的南诏，尽管有过多次攻伐唐朝的越巂等州县的记录，也掳掠了许多汉唐子女，但当时南诏尚未掌握绫罗的纺织技术。每每思及此，阁罗凤总是不能以学习大唐先进的纺织技术为憾。

在滇南和滇西南的广大地区，当地的少数民族还不会饲养桑蚕，更不懂纺丝技术。他们常常将木棉籽收回家中，破开壳子，抽出其中白如柳絮的木棉花，纺织成幅，裁剪做出衣服穿戴。这种衣服称为笼段，又称为婆罗笼段。无论男女，都穿婆罗笼。婆罗笼质地较轻，而且柔薄凉爽，非常适宜在气候炎热的地方穿着。与南诏国相邻的骠国（今缅甸一带）等国的百姓也以婆罗笼段为衣服。

云南盛产食盐，在安宁、泸南、昆明城（今四川盐源一带）、楚雄黑井、剑川、云龙等地均有盐井。南诏国对于盐井有一定的管理和控制，安宁盐井因为洁白味美，只允许南诏国皇族食用。其他地区的盐井，则让百姓食用，但无论开采还是煮盐，都不是任意为之，而是有相关的法规法令加以管理和规范。

不言而喻，种植业、畜牧业、纺织业、制盐业等的发展，促进了南诏国农业的迅速发展，推动了南诏国经济的进步和发展。

在阁罗凤统治时期，南诏国国力增强、经济发展。群臣进言："起初南诏不过是边夷小国，财寡民贫。今诏王励精图治，我南诏已经易贫为富，徙有之无，家饶五亩之桑，国贮九年之廪，珍帛之惠，遍及耆年，百姓安居乐业，国家殷实强大。"望着四海升平、逐渐强大的国家，阁罗凤倍感欣慰。同时，他治理南诏的信心也更加增强了。

拓东、开南、镇西、宁北，开疆拓土，经营云南

阁罗凤承袭了父亲的南诏王位，成为新一代的南诏王，拥有了洱海区域和滇池流域的广大地区。但是，他并不满足于此。他希望承袭父辈的基业，守住父辈的基业，更希望开疆拓土，开创属于自己的新时代。

三次天宝战争的爆发，唐中央王朝的控制暂时退出云南，无疑给阁罗凤经营云南提供了一个最好的时机；而政治制度的建立、军事制度的完善，为阁罗凤的开疆拓土提供了坚实的政治基础和军事基础；农业、纺织业、畜牧

业、武器制造业的充分发展，则为阁罗凤经营云南、扩展版图提供了坚实的物质基础。于是，当具备一定的实力后，阁罗凤开始了开疆拓土的新征途。

然而，作为一个胸怀鸿鹄之志，同时又睿智聪慧的国王，阁罗凤有着开疆拓土、扩张统治范围的宏大志向，又并非盲目无措。相反，他深谋远虑，又不盲目无序；既不妄自菲薄，也不妄自尊大；拥有远大志向，却更加注重实际。这从阁罗凤有勇有谋，逐步开发云南边疆的历程就可以看出来。拓东、开南、镇西、宁北诸城镇的设置历史就是阁罗凤经营西南边疆，拓展南诏版图的历程。

阁罗凤开疆拓土，经营云南的历程首先是从“西开寻传”，设立镇西城，拓展西部边疆版图开始的。

寻传之地，土壤肥沃富饶，经济殷实，南可通渤海，向西靠近大秦，物产丰饶，地理位置十分优越，是云南与东南亚、南亚地区联系的交通枢纽。然而，数千年

巍峨雄壮的苍山十九峰

来，当地声教不及，文化较为落后。为了革除当地的陋习，用礼仪文教教化少数民族，阁罗凤于赞普钟十一年（公元762年），亲自率领军队“西开寻传”，修筑了道路，建造了舟船，恩威并举，以武力威慑的同时，以文教教化当地少数民族。为了征服当地，阁罗凤规定：对降服归顺者厚赏封赐，加以抚慰；对于抵抗不服者，则武力征讨，军事镇压。因此，百姓望风而至，纷纷降服。通过柔服与威慑的方式，阁罗凤征服了寻传之地，设置了镇西城。此后，裸形蛮不讨自来，祁鲜之地积极内附。

由于寻传、祁鲜之地气候炎热、遍地瘴疠，虽然设置了镇西城、苍望城等重镇，派出官吏镇守当地，但大多数官吏惧怕瘴气，不适应当地的气候环境，所以多避往他处，或者从不亲自巡视自己的管辖范围。

为了加强对当地的统治，同时也为了整个南诏西部边疆的稳定和安全，阁罗凤特别在摩零山修筑城池，设置了摩零城。他委派心腹担任摩零都督。摩零城为边境重镇，摩零都督专管寻传、长傍、摩零、金弥城等城镇的事务。

据学者考证，镇西城，大致在今天的德宏州盈江县；苍望城，大致在今天的缅甸八莫一带；祁鲜之地，大致在今天缅甸青蒲之西的广大地区；摩零城，大致在今天的蛮莫。由此可见，在阁罗凤当政时期，南诏国西部的版图远远大于今天的云南西部疆域，已经到达今天的缅甸一带。

唐代宗永泰元年（南诏赞普钟十四年，公元765年），南诏王阁罗凤下令修筑拓东城。由于当地爨氏尚有一定的实力，因此，他命长子凤伽异亲自负责。为了锻炼凤伽异，以便今后更好地接任南诏大统，阁罗凤在拓东城（今昆明一带）修筑完成后，命凤伽异为二诏，专门镇守拓东城。

拓东城原称为昆池，城东北有城隍，城西有旧城址。相传为庄蹻故城，原先庄蹻开滇时就修筑了这座城池。

阁罗凤将拓东城视为东都，作为控制滇池地区的基地，并与南诏国的国都羊苴咩城一东一西遥相呼应，相辅相成，共同承担南诏国王城的作用。

此后，阁罗凤以拓东城为中心，进一步加强了对东部爨氏地区的控制力度。同时，他又任命长子凤伽异为二

巍宝山南诏彝王大殿

诏，在镇守拓东的基础上，继续推进南诏国向东拓展疆域和领土的步伐。于是，“威慑步头，恩收曲、靖”，势力范围扩张到了步头（今红河元江一带），曲州、靖州的广大地区成为南诏国稳定的国土。东爨悉归，步头成为内郡，大大拓展了南诏在云南东部的统治范围。

在向东部扩张的同时，阁罗凤积极推进了向南部经营的步伐，设置了开南城。开南城距离龙尾关大约有十一日的路程，在今天的西双版纳傣族自治州一带。阁罗凤在此设立城镇，作为统治云南南部边疆的重镇，管理当地的少数民族，拱卫南诏国的南部疆域。

宁北也是阁罗凤拓展疆域的重要步骤之一。南诏国的北部边疆与吐蕃接界。尽管在共同对抗大唐王朝的时候，尤其是三次天宝战争时期，为了借助吐蕃兵力，寻求吐蕃的帮助，阁罗凤交好吐蕃，向北归附，成为吐蕃王朝封赐的“赞普钟南国大诏”。但是，阁罗凤心中深知吐蕃是南诏国北部边疆不可小觑的强大势力，时时威胁着南诏国北部边境的安宁。他在思念送去吐蕃为质子的幼子和其他子侄之余，常对下属说：“吐蕃乃睡卧在我北方的雄狮，虽今结为盟友，但事态变化多端，须时时提防。”他不仅一次和群臣商议南诏国北部边疆的安全和防御问题，言道：“吐蕃乃我北部劲敌，与其坐以待毙，不如主动出击。”因此，他积极经营云南北部边疆，设置了宁北城。

宁北城在今天大理州洱源县邓川一带，为施蛮、顺蛮的居住地区。宁北城的设置，既是为了镇守南诏国北部边疆，防止吐蕃的侵犯，同时，又是南诏国北部边境重镇，担负着节制当地少数民族的重要责任，是南诏国向北部拓展领土的基础和前沿阵地。

阁罗凤的防御起到了重要的作用。不久之后的唐贞元十年（公元794年），阁罗凤的长孙、南诏国新一代的诏主异牟寻重新归附唐朝之后，遂派军攻破宁北城北部的铁桥城东、西二城，斩断铁桥，大败吐蕃军队，将南诏国北部的疆土拓展到今丽江市巨甸塔城以北的广大区域。

阁罗凤是一位极具雄心壮志的诏王。在拓东、开南、镇西、宁北的基础上，他还尝试着将疆土的拓展范围延伸得更远。

大赕即是阁罗凤进一步开疆拓土的一次尝试。大赕，周回百余里，疆域广阔，地有瘴气。当地居住着各种少数民族，无君长，社会经济尚处于落后阶段。阁罗凤派遣使者在大赕修筑城池，试图管制蛮夷，将统治范围延伸到大赕。然而，由于不适应当地的气候环境，不到一年，派到大赕戍守的将士死者过半。阁罗凤不得已，只能放弃了这次拓展计划。

顾名思义，拓东，旨在拓展东部领土；开南，旨在开发南部边疆；镇西，旨在震慑西部民族，扩张西部疆域领土；宁北，旨在保卫北部边疆，捍卫北部安宁。从阁罗凤设置的拓东城、开南城、镇西城和宁北城，不难看出，他开发云南边疆，拓展南诏国版图的宏大志向，以及不妄自尊大、不妄自菲薄的缜密和务实。

阁罗凤没有辜负父辈的期望，他守住了南诏国的疆土。不仅如此，他在父辈的基业上更进一步，经营云南，拓展领土，大大地扩张了南诏国的疆域和版图。

在阁罗凤统治南诏国的时期，南诏国的领土面积扩大，疆域版图扩张，东到今云南省东部、贵州省西部地区，东南到达今越南北部，西部到今印度，西北与今西藏相连，南达今泰国北部，西南到今缅甸中部，北达今四川大渡河以南，东北到今四川东南与贵州东北连接的地区，势力范围大大超过了今天云南省的版图。

应该说，南诏国的逐渐强大，为阁罗凤开疆拓土，开创属于自己统治的新时代，成就自己的辉煌霸业奠定了基础；而版图的扩展、疆域的扩大，则进一步壮大了南诏国的国力和实力。南诏国逐渐成为唐代西南边疆一个经济发展、军事强大、版图扩张、实力雄厚的地方民族政权。它不仅在历史的长河中演绎着属于自己的辉煌和历史，而且成为唐代中后期历史中的一个重要角色，对唐代中后期历史的发展起到了重要的影响和作用。

《新唐书·南诏传》总结：“唐亡于黄巢，而祸基于桂林。”在唐朝中后期，由于南诏国不时攻伐唐朝边境城镇，掳掠人口财物。为了防御南诏的入侵，唐中央王朝派出大量戍卒镇守岭南地区。这些戍卒原先为三年一轮换。然而，由于各种主客观原因，桂林地区的军士六年未能轮换，导致戍边的士兵不满。唐咸通九年（公元868年），戍边将士庞勋率领士兵起义，进而引发了大规模的黄巢起义，推翻了唐王朝两百多年的统治。

尽管史书将唐朝灭亡的原因完全归结于为了防备南诏，似乎有些欠妥当，但在一定程度上也确实表明南诏在唐中后期历史发展中扮演了重要的角色，起到了举足轻重的作用和影响。而南诏盛世的开创，南诏实力的增强，均与阁罗凤有着密不可分的联系。

建立行政区划，在中心区设六赕

赕，即州也。在建立政治制度、设置官僚制度的基础上，阁罗凤根据南诏国的实际情况，以洱海地区为中心，建立了六赕区。

六赕区，相当于六州，是阁罗凤直接统辖和控制的地区，也是南诏国的首府区。

六赕区如下：大和谓之大和赕（即太和，今大理城南太和村一带），羊苴咩谓之阳赕（即今天大理古城一带），大釐谓之史赕（即今天大理喜洲一带），邓川谓之邓赕（即今天洱源县邓川一带），蒙舍谓之蒙舍赕（即今天巍山县一带），白崖谓之勃弄赕（即今天弥渡县一带）。阁罗凤在六赕区相继设立城池，委派官员，负责官僚。六个城镇即大和城、大釐城、羊苴咩城、邓川城、蒙舍城和白崖城。

大和城即太和城，在今天大理古城南，巷道阡陌纵横，都用石头垒成，石墙高一丈有余，绵延数里不断，气

昔日太和城，今日太和村

势宏伟，古朴坚实。大和城中立有《南诏德化碑》，阐明阁罗凤不得已背叛唐王朝，受制于吐蕃的原委。

太和城旧址今天尚存，在大理古城南太和村一带。如今的太和村早已不见往日石头垒成的阡陌巷道，也无法见到石头铺成的道路。拔地而起的是一幢幢用砖头、水泥和钢筋建成，又保持着白族民居特色的洋楼。

尽管如此，但当年阁罗凤为表明“不得已而叛唐”所立的《南诏德化碑》却保存了下来。虽然经过数千年岁月的风霜，德化碑的碑文已经受到侵蚀和磨损，无法完全看清所有的文辞，但它仍旧默默而又坚持地站立在太和城旧址中，镌刻着阁罗凤执政时期南诏国经历的那段风云激荡的历史，诉说着阁罗凤拓东、开南、镇西、宁北的丰功

德化碑碑亭

伟业，见证着南诏国的辉煌时代。

大釐城南距羊苴咩城四十里，北距龙口城二十五里，即今天的喜洲镇一带。原先六诏并立时期，邓赕诏诏主咩罗皮常常居住在大釐旧城。后来，皮罗阁并吞五诏，统一洱海地区，这个地区遂为南诏所有。阁罗凤设置史赕，并重新修建了大釐城。

大釐城是南诏国较为繁华的一个城镇，城中居民较多，物产殷实。同时，大釐城也是阁罗凤最为重视的城镇之一，他常常往来大和城、大釐城和邓川城之间，在巡视的同时，在三个城镇中选择一个居住一段时间。

大釐城东南方十余里的地方有一个舍利水城。舍利水城为洱海中的一个小岛，面积不大，但景色优美，环境宜人。特别是到了炎热的夏季，留在舍利水城中，四面临水，垂柳依依，花草芬芳，水鸟成群。到了夜晚，凉风习习，拂过面颊，浪花轻轻拍打着水岸，如梦如幻，让人轻松自在，舒适怡然，沉醉其间，流连忘返。因此，每每到了夏季酷暑时节，阁罗凤最喜欢到舍利水城避暑度假，享受四面临水的凉爽和闲适。他静坐在树下，远眺白雪皑皑的苍山十九峰，环视碧波粼粼的洱海，看着南诏国国力逐渐强大，疆域逐渐扩展，百姓逐渐丰实，经济逐渐发展，心中激昂澎湃，信心十足，想着，南诏在我手中走到今日局面，终究没有愧对祖先。

邓川城，就是原先邓赕诏的旧城，南距龙口城十五里，是邓赕诏诏主居住的地方。皮罗阁攻灭邓赕诏后，夺取了邓川。由于邓川城依山而建，地势险要，东距泸水，北有湖沼，易守难攻，因此，阁罗凤十分重视这座城池。他继任南诏国国王后，重新修葺了邓川城，既作为邓赕的首府区，又是南诏国设置在北部疆域的军事重镇。

蒙舍州是南诏国的发源地。原先蒙舍诏为六诏之一，尚未统一洱海地区的时候，就居住在蒙舍川一带。阁罗凤在建立行政区划时，十分重视蒙舍，他教导南诏王室："我南诏祖先发源于巍宝山麓，先祖躬耕农事，奋发图强，历经几代，始有今日成就，蒙舍为我蒙氏一族故土，且不可忘。"他随即将蒙舍和原蒙嶲诏城址的阳瓜州合并在一起，重新修建了蒙舍城。

蒙舍新城土地肥沃，宜于种植稻谷。同时，城中有大池，盛产鱼虾、菱角。由于蒙舍城物产丰饶，四时蔬果不断，因此居民较多，人口殷实，是六赕区中比较繁荣的一个州。

白崖城在勃弄川，依山势而建，城墙高达数丈，四面引水环绕，只开设了南北两道城门。除此之外，四周均是高高的城墙，城池较为坚固。

白崖旧城在新城南隅，周回二里。城中有水池，池中修建了一座楼舍，用于储存战备物资和军事装备。

唐大历七年（公元772年），阁罗凤下令在旧城东北选址，重建白崖新城。新城周回四里，比原先的旧城面积更广，区域更大。阁罗凤在新城中修建了官衙。官衙仿照汉唐风格，曲廊幽长，亭台楼阁，园中栽植橙枳树木，叠翠苍苍。

白崖城面积广阔，东西长二十余里，南北宽一百余里。城内沃土平壤，多为分授给清平官的土地。

南诏王室亲属多居住在白崖城旁。距白崖城南二十里有一座蛮子城，原先是阁罗凤的庶弟诚节和母亲居住的旧居。

随着南诏的壮大，群臣纷纷进言："今南诏国繁荣昌盛，国泰民安，四夷来附，为西南之主。太和故城方圆有限，已不堪担任王都之职。请诏王另择新址，新建王都。"阁罗凤接受了大臣的建议。几经对比堪舆，最终选址羊苴咩城。羊苴咩称为阳赕，在太和城北数里，地势平坦，视野开阔。阁罗凤在阳赕大兴土木，修建了羊苴咩城作为南诏的王都。羊苴咩城气派而庄重，一共有三重门楼。第一重门楼高二丈有余，用青石为城砖，彰显尊贵而又不奢华，古朴而又尽显大气；设有两道城门，相距二三里，南北遥遥相对。层楼下是通往太和的通衢大道。

从门楼下前行三百余步，就到了第二重门楼。第二重门楼内是南诏国清平官、大军将、六曹长等高官和南诏贵族居住的宅院。

沿着道路前行，大约一百步的路程，就到了第三重门楼。门楼前列有兵戟，威武而庄严。进入城门后就是厚厚的宫墙，隔断了宫门内外的世界。步行五百余米之后，就能见到一座大楼，称之为五华楼。五华楼台阶高耸，楼内架如蛛网，较为复杂。然而，整个大厅内部却是架空，没有一根柱子支撑，工艺复杂，技术高超。

高楼两旁是厚厚的门楼，楼下是一池清泉。凭栏而立，微风习习，清爽宜人，湖水波光粼粼，清澈见底，鱼儿在睡莲下游来游去，追逐玩耍，美丽的景色令人停步不前，心旷神怡。

大楼后还有一座小楼。无论是大楼还是小楼，都是南诏王阁罗凤接见大臣，与外臣商议国事的地方。小楼之后就是后宫之地，里面居住着阁罗凤的妻妾数百余人。这些妻妾统称为诏佐。她们年轻美貌，身份尊贵，不施粉黛而美丽动人。每一位诏佐都编着两条长长的麻花辫子，在辫子间插上珍珠、金银、瑟瑟、琥珀等制成的珠钗头饰，身穿绫锦织成的短衣长裙，肩披锦缎围巾，服饰华美，身姿婀娜。她们遵循南诏王室的法制，履行作为妻妾的职责，在高高的宫墙内日复一日的生活。

门楼东南二里之外设有客馆，专门招待到南诏国来访和出使的客人和使臣。客馆前有一小巧的亭子，亭子前有一个大水池，周围七里，水深数丈，其间鱼鳖悉有。来访使节可以在亭子中饮茶休憩，观赏风景，喂鱼垂钓，凭栏听风。

为了护卫六赕区的安全，保护王城，阁罗凤又相继修葺了龙尾城和龙口城。龙尾城在今天下关一带，依靠苍山天险而建，萦抱点苍山南麓，城门临洱海而立。龙尾关背靠苍山，前临洱水，城墙坚固，捍卫王都。西洱河上修筑大桥直达龙尾关门楼下。顺桥而过，往南直达蒙舍城，向西直通永昌城，向东直达白崖城。

龙口城在大釐城北，邓川城南，是南诏国设立在疆域北部的重镇，城内设有龙首关，同样依苍山天险而设，下临洱水，防御敌人从北部的入侵。

六赕区是南诏国的中心区，也是阁罗凤直接控制的区域。此后，随着南诏国社会经济的发展，行政区划的设置也发生了较大的变化，增加了品澹赕、蒙秦赕、矣和赕、赵川赕，六赕区逐步发展成为十赕区。十赕区沿洱海而设，是洱海区域最发达的地区。

在南诏国的发展过程中，聚居在十赕区内的哀牢、昆明、僰人、汉姓、西洱河蛮等族类经过近一个世纪的冲突与融合，形成一个在中国历史、云南地方史上产生了重大影响的民族——白族，十赕区也逐步发展成为云南的政治、经济和文化中心。

因地制宜，在边疆少数民族地区设置八节度

十赕区是南诏国的首府区，也是南诏国的政治、经济、文化最为发达的地区，聚居在十赕区的洱海诸蛮相互融合，逐步发展形成白族。

而在南诏国统辖的广大范围内，除了聚居在十赕区的哀牢、昆明、僰人、汉姓、西洱河蛮等族群之外，在广阔的疆域内，尤其是南诏的各边疆地区，还居住着为数众多、社会经济文化发展程度不一的少数民族。他们的居住地区不一样，生活习俗不一样，饮食文化不一样，语言不一样，穿着服饰不一样，生产方式不一样，社会经济发展不一样。由于他们社会经济文化的发展程度与十赕区不同，也就意味着不可能采取与十赕区完全相同的方式加以统治。

天宝战争之后，唐王朝的统治退出云南，云南进入了独立发展的新时期。为了强化统治，巩固南诏王权，阁罗凤十分重视处理与其他少数民族的关系。他和群臣商议："南诏边夷之民，语言不同，饮食各异，风俗独特，不识农耕。有的温和，有的剽悍，须悉心治理，使之成为南诏不离不叛的臣民，捍卫南诏边疆。"最终，阁罗凤在学习汉唐文化的基础上，积累了大唐中央王朝治理边疆少数民族的方法和经验，结合云南少数民族的特点和实

际，因地制宜，在南诏少数民族聚居地区设置八节度，效仿唐朝，采取羁縻政策的方式统治边疆少数民族，巩固南诏国的统治政权。

巍宝山

云南少数民族众多，在不同的地区，居住着各不相同的族类。

阁罗凤在统治南诏国境内的诸少数民族的过程中，首先控制的是聚居在滇池流域的，势力和实力最为强大的爨蛮。

早在阁罗凤的父亲皮罗阁在位时期，阁罗凤就辅助父亲进军爨地，统一了滇池地区。他委派昆川城使杨牟利用武力胁迫西爨白蛮迁徙，将二十余万户西爨白蛮迁往永昌城。从此以后，西爨白蛮逐渐定居在永昌一带。而西爨白蛮聚居的曲州、靖州、石城、升麻川、昆川等广大地区在很长的时间里一度没有人烟。

当时，东爨乌蛮因语言不通，居住地区分散而幸免于被迁徙的命运。后来，东爨乌蛮逐步振兴，他们迁居到西爨白蛮曾经居住的曲州、靖州等地。为了交好东爨乌蛮，强化对他们的控制，阁罗凤让南诏王室弟子娶东爨乌蛮贵族女子为妻，同时也将王室女子嫁给东爨乌蛮首领为妻，双方缔结婚姻关系，以此来巩固对爨地的统治。

独锦蛮属于乌蛮的一个分支，居住在秦藏川一带（今富民县、禄丰县、罗茨县一带）。独锦蛮中以李姓最多。唐天宝年间，中央王朝曾经在当地设置羁縻州县，任命独锦蛮首领为岿州刺史。天宝战争以后，阁罗凤统治了该地区。为了加强统治，阁罗凤让长子凤伽异娶独锦蛮女子为妻，生育了南诏国历史上另一位颇有作为的诏王——异牟寻；他也曾经将自己的女儿嫁给独锦蛮贵族为妻，双方缔结了良好的姻亲关系，并且巩固了阁罗凤对当地的统治。

弄栋蛮为白蛮的一个支系，原先居住在姚州弄栋县（今楚雄州大姚县一带）。唐王朝曾经在当地设置羁縻州县褒州，任命部落首领为褒州刺史。后来因为弄栋酋长误杀司户官员，为了逃避罪责，遂率领部落往北部迁徙，逐渐迁往磨些江一带，分散居住在剑川、鹤庆等地。其余没有迁徙的弄栋蛮，在天宝战争期间，阁罗凤攻伐姚州时，大都战死。

南诏土主庙中的南诏图传

唐贞元十年（公元794年），阁罗凤的长孙异牟寻执政时期，南诏军队大破吐蕃城邑，俘虏了散居的弄栋蛮，将他们全部迁往永昌一带。此后，弄栋蛮逐渐定居当地，并融入当地的其他民族。

青蛉蛮也属于白蛮的一个分支，原本是越巂郡青蛉县的一个部落。天宝战争之后，阁罗凤曾经应吐蕃之邀，两次出兵共同攻伐越巂郡。越巂郡第一次被攻陷时，青蛉蛮首领尹氏父子就率领部落民众向南奔逃，到达河赕地区，臣服于南诏。阁罗凤厚赏并且安置了青蛉蛮部落。青蛉蛮逐渐与当地民族融合，服饰语言也渐渐与蒙舍赕相同。他们主动适应新的环境，并提高自己的实力，逐渐融入南诏统治阶层。在南诏王异牟寻执政的贞元年间，担任清平官的尹辅酋、尹宽求等人，都是青蛉蛮的后裔。

裳人，又称为汉裳蛮，原本为汉人。他们何时来到云南，又是从内地的什么地方迁来云南，已经无从考证。到了唐代初期，裳人已经在铁桥北部一带（今丽江市巨甸塔城一带）定居。裳人原先着汉服，但在漫长的时期里，他们受到了当地民族的影响，在服饰、习俗等各个方面都已经发生变化。南诏时期，裳人除了还保持着用红色的帕子缠头的习俗之外，其余各个方面都和当地民族没有太大的区别。

阁罗凤统治时期，裳人还定居在铁桥城一带。但是到了异牟寻担任南诏王以后，他打败了吐蕃的军队，攻占了吐蕃设置在铁桥的城镇，将俘虏的数千余裳人全部迁往云南东北地区。

长裈蛮是乌蛮的后裔，部落驻地在剑川一带，原先属于三浪诏统治。长裈蛮的服饰比较独特，他们的裤子很长，一直拖到地上，而且长裈蛮不穿衣服，只在身上披上一块牛羊皮当作衣服，蔽身御寒。阁罗凤的后人异牟寻攻破三浪诏以后，将长裈蛮部落迁到施蛮、顺蛮的居住地，生活在铁桥城一带。

施蛮原本属于乌蛮族群，居住在铁桥城西北的大施赕、小施赕和剑寻赕的广大区域。男子一般穿着丝织的裤子，身上披着羊皮，不穿鞋子。这种裤子又称为缦裆袴，质地朴素，没有色彩，也没有花纹。女子也不穿鞋子，披着羊皮，在头顶和后脑勺各盘一个髻。

施蛮原先臣属于吐蕃，吐蕃分封施蛮部落首领承上为王，任命他管辖施蛮诸部。阁罗凤统治时期，尚未归附南诏国。直到贞元十年（公元794年），阁罗凤的长孙异牟寻派兵攻破吐蕃城邑，将施蛮王寻罗和其宗族迁往蒙舍城安置。

顺蛮也是乌蛮部属，原先与施蛮部落杂居在剑川、鹤庆等地。阁罗凤攻伐三浪诏的时候，顺蛮被迫迁居到铁桥城以北的地区，其地名为剑羌。顺蛮的风俗习惯与施蛮大致相同。

顺蛮原先同样臣属于吐蕃。吐蕃分封顺蛮首领为王，阁罗凤时期亦然。贞元十年（公元794年），南诏王异牟寻大破吐蕃军队，将顺蛮王傍弥潜和其宗室子弟尽数俘虏，迁往云南白崖（今大理州弥渡县一带）安置。同时，将顺蛮部落百姓迁往云南东北一带，与其他民族散居在一起。

磨蛮也是乌蛮种类，居住在铁桥城以南和以北的地区，以及大婆、小婆、三探览、昆池等地区（金沙江两岸）。

磨蛮的经济基础以畜牧业和养殖业为主，家家户户饲养牛羊。磨蛮喜爱饮酒，每到夜晚，磨蛮不分男女，围着篝火，席地而坐，一边饮酒，一边唱歌，一边跳舞，纵情歌舞，十分快乐。磨蛮男女都披着牛羊皮以抵御风寒。阁罗凤时期，设铁桥节度加以节制。异牟寻攻破吐蕃设在铁桥的城镇之后，俘虏了一万多户磨蛮，将他们迁往昆川和西爨故地，散居在当地的其他民族之中。

扑子蛮居住在开南、银生、永昌、寻传一带（今西双版纳州、保山等地），在铁桥城西北部，沿澜沧江的地区也生活着一部分扑子蛮。扑子蛮勇猛剽悍，身手矫捷，善于用竹弓捕捉飞鼠，箭无虚发，一发必中。他们喜欢穿着婆罗笼，以青布织成，干净而凉爽。当地饮食不用碗盘，他们用芭蕉叶当食器，把食物放在采摘的芭蕉叶中就可以食用。

阁罗凤承袭南诏王位，三次天宝战争大败唐军，巩固对南诏国的统治以后，最先讨定的就是寻传蛮。

寻传蛮居住在云南省西部地区，今伊洛瓦底江流域一带。当地气候炎热，又没有丝绵布帛，因此，寻传蛮多穿戴木棉织成的婆罗笼。寻传蛮擅长持弓狩猎，追赶野兽时，不穿鞋子也能在丛林荆棘中健步如飞，如履平地。抓住豪猪，生食其肉，又将豪猪的獠牙取下，插在头顶两侧作为装饰，用豪猪皮制成皮带系在腰间。寻传蛮英勇善战，每次战斗都用笼子来做头盔，罩在头上，防护头部。

裸形蛮又称为野蛮，居住在寻传蛮以西三百里的区域。裸形蛮散居在广阔的山林深谷，没有君长，尚未进入阶级社会。他们没有农田，也不从事农耕稼穑；没有桑蚕，也不会纺线织布，只会揭下整张树皮围在身上，用以蔽体。裸形蛮的房屋是干栏式结构。由于裸形蛮男少女多，故而实行一夫多妻制，往往五个妻子、十个妻子共有一个丈夫。男子负责守卫安全，平日手持弓箭，在竹楼上来回巡逻。一旦有陌生人入侵，就持弓射杀，绝不姑息。女子则负担平日的生活，她们进入山林，采集果实，寻觅虫卵，抓鱼捕虾，挖掘野菜作为食物。

阁罗凤讨定寻传蛮以后，允许裸形蛮继续散居山间。裸形蛮矫捷勇猛。平日里，如果没有战事，他们按照自己的生活方式和风俗习惯自由生活。一旦有战事发生，阁罗凤往往下令征召裸形蛮，让他们作为先驱参与战争。

望苴子蛮居住在澜沧江以西的广阔区域。其人勇猛矫捷，善于作战。望苴子蛮骑马不用鞍辔，直接跨上马背，驰骋疆场。无论男女，都穿着齐胸腹的短甲，赤足露膝，头上戴着用牦牛尾巴装饰的头盔，健步如飞，迅猛非凡。由于望苴子蛮善于骑射，尤其擅长在马上使枪，因此每次战争，南诏王阁罗凤总是将他们编入军队，作为前驱参加战斗。

望蛮外喻部落，在永昌西南部，澜沧江以西的区域。其人身材高大，擅用长矛，勇猛无敌。他们也常用木弓短箭，常常在箭头上涂抹毒药，人一旦被箭镞射中，则必死无疑。望蛮外喻部落的女子身材肥胖，肤色白皙，特别喜爱吃乳制品。她们身穿青布衣服，赤脚不穿鞋袜，用珍珠珂贝等串成长链，斜挎在身上。每一位女子身上的珍珠长链往往有几十串之多。已婚与未婚只要从头饰上就可以看出。已婚的妇女将头发一分为二，梳为两髻；而未婚的少女则总是将头发盘成一个髻，梳在头顶后面。当地习俗喜欢游玩，因此，女性每每三个一群、五个一队，四处游玩。

黑齿蛮、金齿蛮、银齿蛮、绣脚蛮、绣面蛮，都属于同一个族类，他们居住在永昌、开南等地区。黑齿蛮习俗是用漆将牙齿染黑（事实上，是当地族类喜嚼槟榔，久之，则牙齿日渐变黑）；金齿蛮习俗是用金镂片包住牙齿作为装饰，有事需外出见人的时候，就将金镂片裹在牙齿上，吃饭和睡觉的时候，则摘下金镂片；银齿蛮则习惯用银镂片裹在牙齿上作为装饰。

无论黑齿蛮、金齿蛮还是银齿蛮，他们的穿着都差不多，总是身穿青布衣服，斜披青布条，头顶盘一个髻。

绣脚蛮的习俗，是在小腿以下、踝骨以上的部位，全部文上文身，并以此为美。他们和黑齿蛮、金齿蛮、银齿蛮的服饰不同，穿着红布衣服，斜披青布条作为衣服的装饰品。

绣面蛮则在出生一个月以后，用针在脸上文以图案，一针一针，就如同绣花一样，然后用青黛涂染。他们认为，谁的文面最细致、青黛涂抹得最均匀，谁就是最美丽的。

阁罗凤在当地设置城镇，统治绣面诸蛮。每有攻伐，也往往征召他们参加。

穿鼻蛮、长鬃蛮、栋峰蛮都是居住在拓东城东南部和银生城一带的族类。穿鼻蛮部落，惯用一尺长的金环穿在鼻中隔之间，一直垂到下巴。如果是君长，则金环更大，并且用丝绳系在环上，每次起身，都要有专门的人将金环牵起才能前行。还有的用两枚金钉穿在鼻孔两侧作为装饰。

长鬃蛮部落和栋峰蛮部落因为头发较长、发质乌黑而得名。他们的风俗是在额前留一缕长长的头发，挽成发髻，垂至肚脐。如果是君长的话，发髻更长。每次起身前，都需两个侍女用专门制作的物件将发髻撑住才能行走。

阁罗凤早已征服了这些族类。每次攻伐，也总是征召他们参战。

茫蛮部落，同是属于开南的少数民族。他们居住在今天保山以南、西双版纳州、普洱孟连、德宏州的广大区域。茫蛮部落家家户户住在竹楼里，没有城楼，也没有城郭。大多数人喜爱嚼槟榔，所以牙齿是黑色的。男子穿着青布衣服，用藤篾缠在腰上作为腰带，在头顶上盘一个发髻，用红布缠住，并将多余部分垂在脑后作为装饰。女子则身着五色婆罗笼，色彩绚丽，身姿妙曼。

茫是君长的名号，当地人称呼他们的君长为茫诏。

茫蛮部落孔雀较多，往往在家里的树上筑巢建窝。茫蛮喂养大象，代替耕牛耕田犁地。大象的粪便还可以作为燃料烧火做饭。

此外，在南诏国的周边还有粟粟两姓蛮、雷蛮、梦蛮、丰巴蛮、崇魔蛮、桃花人等等，他们生活在南诏国的西北、西南等地区，风俗各异，与南诏国有着密切的关系。

由此可见，南诏国疆域内部，除了十赕区的居民之外，还有许许多多的少数民族。他们有各自的语言，居住在不同的地区，有各自的饮食习惯、穿着服饰、房屋建筑和民族特性。他们有的散居山林，有的滨水而居；有的喜爱生食，有的喜食乳酪；有的勇猛善战，有的俗喜遨游。他们同为南诏国内的子民，但又分别属于不同的族类。

阁罗凤作为南诏国的君长，他熟谙自己的王国，深知南诏国疆域内有着众多的族类。由于他们的社会经济、风俗习惯各不相同，因此，也就不可能用完全相同的方式加以管辖和统治。阁罗凤又是一位勤奋好学的君王。他熟读圣贤之书，积极学习汉唐文化，将学到的知识、自己的经验和南诏国族类众多的现实相结合，制定了一整套民族政策，加强对疆域内其他少数民族的控制。阁罗凤一方面通过通婚的方式，加强与其他民族，尤其是和同属于乌蛮的族类加强联系；另一方面，他在边疆修筑城镇，设置了八节度，委派节度使统辖地方，用羁縻的方式强化对边疆少数民族的统治。

八节度分别为弄栋（云南）节度、拓东节度、宁北节度、铁桥节度、永昌节度、银生节度、开南节度、丽水（镇西）节度。

阁罗凤设置八节度的历史进程是随着这些地方城镇的规置而逐步完成的。

文庙内的孔子塑像

云南城原先为唐中央王朝的羁縻州县信州。天宝年间，阁罗凤重新修筑，并将其改称为云南城。云南城的城郭、规置都仿照汉唐的建筑风格，州城南北宽二十余里，东西长四十五里。

与此同时，阁罗凤又修筑了弄栋城。弄栋城原为唐中央王朝设置的羁縻府州——姚州。天宝年间，阁罗凤攻占了姚州城，在旧城城址旁重新修建了弄栋城。弄栋城南北宽百余里，东西长三十余里。原先居住在姚州城的百姓在姚州城被攻破后，或战死，或被阁罗凤迁往他处居住。因此，弄栋新城中已经没有汉人，居住的多是少数民族。阁罗凤设置弄栋（云南）节度，委派大军将担任节度使，管制当地的蛮夷部落。

唐代宗永泰元年（南诏赞普钟十四年，公元765年），阁罗凤下令长子凤伽异修筑拓东城，并且任命他为副诏镇守拓东城。随后，他又下令修筑或修葺了晋宁州州城（今晋宁）、石城川（今曲靖）、安宁城（今安宁）等城镇。

拓东城大致相当于今天的昆明地区。阁罗凤筑拓东城后，设置拓东节度。拓东节度使职责重大，一方面要管制辖区内的东爨乌蛮等少数民族；另一方面，要以拓东城为基地，拓展南诏国的东部疆域。

拓东城的地位在阁罗凤开疆拓土和经营南诏的全盘规划中十分重要，它既是节制和监督在南诏国内势力较大的爨蛮的重镇，又是阁罗凤在原有洱海地区的基础上，真正向东部拓展疆域、拓展统治势力、强化政权基础的一个重要的尝试和据点。因此，阁罗凤将拓东城视为东都，任命自己最看重的长子凤伽异亲自镇守。

为了节制南诏国北部和西北部的少数民族，特别是聚居在这一区域的施蛮、顺蛮、磨蛮以及三浪诏的遗民，阁罗凤在今天洱源县邓川一带修筑了宁北城，置宁北节度，委派大军将为宁北节度使，镇守南诏国的北部边疆，管制当地民族。

同时，阁罗凤还相继修筑了铁桥城，设置铁桥节度，委派大军将出任铁桥节度使，管制铁桥上下定居的施蛮、顺蛮等族类。

不仅如此，阁罗凤还在南诏国的北部疆域修筑昆明城（今四川盐源县一带）。宁北城、铁桥城和昆明城几个城池连成一个整体，相互配合，相互辅助，共同防御吐蕃的南下侵扰，捍卫南诏国北部疆域的安宁。

永昌城（大约今保山一带）为古哀牢聚居的地区，在点苍山西面，距离龙尾关大约有六日的路程。永昌以西和永昌西南的广阔区域内，居住着扑子蛮、望苴子蛮以及金齿蛮、漆齿蛮、银齿蛮、绣脚蛮、穿鼻蛮、裸形蛮、磨些蛮、望外喻部落等等，各个族类分散居住在南诏国西部和西南部这一大片疆域之内。同时，又以部落为单位，聚居在一起。

总体上来说，扑子蛮、望苴子蛮多居住在澜沧江以西，越赕一带。这一地区特产越赕马，而这里的族类“俗尚勇力”，剽悍威武，勇猛善战。而金齿、漆齿、银齿、绣脚、穿鼻、裸形、磨些、望外喻部落诸蛮则居住在永昌节度辖制下的广阔区域，他们语言各异，要经过三四次翻译，才能与南诏国统治的核心地区——河赕区（即分布在洱海区域的六赕区）的居民沟通。

无论是扑子蛮、望苴子蛮，还是金齿、漆齿、裸形诸蛮夷，他们在唐开元年间以前，和当时洱海区域的六诏都没有联系。直到阁罗凤的祖父盛罗皮时期才开始经营这一地区。盛罗皮承袭蒙舍诏诏主的时候，曾经设置柘俞城，试图征服这一地区的诸族类，但成效不是特别显著。

直到阁罗凤时期，他采取羁縻政策，这些地区的族类才逐渐被"柔服"，归附南诏国，成为南诏国辖区内的统治民族。而这一地区的众多少数民族也成为南诏国军队的主要来源。

据史料记载，"通计南诏兵数三万，而永昌居其一"。在南诏国总数三万的军队里，有三分之一的兵源来自永昌，足见他们对于南诏国的影响和作用十分重要。

阁罗凤设永昌节度，委派大军将出任永昌节度使，管制当地的少数民族。同时，他还在永昌城西北和以西、以南的地区，先后修筑了广荡城（今坎底坝）、柘南城等重镇，与永昌城相互联系，紧密配合，以便更有效地控制这一地区。

随后，阁罗凤又设置了银生城（大致在普洱一带）。银生城在扑赕以南，距离龙尾关大约十日的路程。在这一区域内，居住着扑子蛮、长鬃蛮、金齿蛮、银齿蛮、绣脚蛮、绣面蛮等数十余种少数民族。阁罗凤委派大军将出任银生节度使，统治这一区域内的各个族类。

由于南诏国的南部疆域和西南地区范围宽广，族类众多，仅仅依靠设置一个银生节度难以节制和管辖。于是，在设置银生城的同时，阁罗凤还修筑了开南城（大致在今西双版纳地区），设置开南节度。开南城距离龙尾关有十一日的路程。开南节度使同样负责统治辖区内的少数民族。

银生城与开南城相距不远，辖区内均聚居着扑子蛮、金齿蛮、银齿蛮、黑齿蛮等诸族类。银生节度与开南节度各统一方，管辖当地的少数民族。同时，两个节度之间相距不远，联系紧密，共同加强对这一地区各个族类的控制和管理。

随后，阁罗凤又下令修建了馆柳追和都督城（今镇沅县）、威远城（今景谷县）、奉逸城、利润城（大致在今普洱、倚邦、易武、勐腊等处）。

银生节度和开南节度是阁罗凤为了控制南诏国南部边疆而设立的两个行政区域，馆柳追和都督城、威远城、奉逸城等城镇是在两个节度辖区内设立的重要城镇。各个城镇分别隶属于两个节度，同时又相辅相成，编织成一张紧密而完备的统治网络，将这一地区的少数民族牢牢地吸纳在统治的网络之中。

镇西城（今德宏州盈江县）在南诏国的西部边疆，是阁罗凤为了震慑西部少数民族，拓展南诏国西部疆土而设置的一个重镇。南诏国西部的广阔疆域，气候炎热，瘴气严重；地势平坦，草木繁茂，四季不枯。这一领域内，聚居着数十余种族类，如裸形蛮、金齿蛮、漆齿蛮、绣脚蛮、绣面蛮、雕题蛮、僧耆蛮等等。为了管制这些少数民族，阁罗凤修筑镇西城，设置镇西节度（丽水节度）。

然而，镇西城并不是孤立单一的。为了强化镇西节度使的统治，更好地管理和控制镇西节度辖区内的各少数民族，阁罗凤又相继修筑了越礼城（今保山北部、怒江以西地区，即马面关、明光隘一带）、长傍城（大致在今拖角地区）、藤弯城（今腾冲）、磨些乐城（今瑞丽一带）、丽水城（伊洛瓦底江以北，今打洛一带）、安西城（今缅北勐拱一带）、宝山城（今缅甸昔马）、金宝城（今缅甸密支那）、金生城（今缅甸青蒲一带）、苍望城（今缅甸八莫一带）、弥城（今腾冲西约一百里的盏西一带），这些城镇之间均有道路连通。阁罗凤以镇西城为基础，以分别设置的其他重镇为依托，令镇西节度使在各个城镇之间巡视，震慑当地的少数民族，维护南诏西部疆域的稳定和安全。

同时，阁罗凤在摩零山上特别修建了管摩零都督城（今蛮莫）。管摩零都督城为边境重镇，属镇西节度管辖。阁罗凤委派心腹出任管摩零都督，专门负责管理寻传城、长傍城、摩零城、金弥城等城镇的事务，管制这一领域内的金齿蛮、漆齿蛮、绣脚蛮、绣面蛮、雕题蛮和僧耆蛮等十余个族类。

不能不说阁罗凤是一位志向远大而又心思缜密、有勇有谋的君主。他通过设立拓东城、开南城、镇西城、宁北城将南诏国的统治范围向东部拓展，开发南部边疆，震慑西部民族，捍卫北部疆域的安宁，从而拓土开疆，使南诏国的疆域范围得到大大的开拓。

同时，他又设立了云南、拓东、永昌、开南、银生、宁北、铁桥、丽水（镇西）八个节度，委派节度使，分别镇守在南诏国的东部疆域、西部疆域、南部疆域和北部疆域，征服当地的少数民族，强化对当地民族的统治。

通过八节度的设立，阁罗凤加强了对南诏国疆域内诸民族的统治。与此同时，阁罗凤实行大规模的移民政策，把生产方式落后的施蛮、顺蛮等诸族类移民到原先西爨白蛮居住的经济发达的滇池流域，将西爨白蛮二十余万以及其他民族移民到永昌等地，迅速推动了云南西部地区社会经济的发展。在此基础上，阁罗凤针对不同族类的特点和实际，采取不同的民族政策，对同为乌蛮的族类，通过通婚巩固关系；对不愿归附的族类，通过武力威慑征服讨定；对善战勇猛的族类则加以抚慰，征召打仗。

应该说，阁罗凤对社会经济发展程度不同的族类，采取不同的民族政策和统治方式，通过不同的方式，“柔服”了疆域内的各个民族，巩固了南诏政权的统治，开创了南诏国稳定发展的新局面，奠定了云南各少数民族和谐发展的坚实基础，推动南诏国进入盛世。

推行积极的外交政策，与周边各国发展睦邻友好的邦交关系

南诏国地处我国西南边疆，是我国与东南亚、南亚等国家沟通、交好的枢纽和前沿，也是汉文化，南诏文化，东南亚、南亚文化等多元文化相互冲突、交融的地区。在我国西南边疆以外的广阔地区，尚有许许多多大小不一的国家，他们或与南诏国毗连，或与南诏国相邻；他们的社会经济文化各异，风俗习惯不同，并且对南诏国的发展或多或少有一定的影响。

骠国距南诏国永昌城南七十五日的路程，与波斯国和婆罗门国接界，西去舍利城有六十日路程，大致在今天的缅甸中部地区。骠国王城用青砖砌成，百姓全部居住在城内，分为十二所堂。骠国人较为壮实，和善而不善言谈，重视佛法。由于气候炎热，不论男女，皆穿婆罗笼，出门则手持扇子，持扇扇风。男子通常穿白叠衣，女子在头顶上梳一个高髻，以金银珍珠为饰品。一般百姓则多穿青色的婆罗笼。当地习俗重廉耻和礼节，崇尚白象。在王宫门外塑有一头白象，如果有诉讼，就在白象前焚香祷告，请白象裁定。每每遇到灾难和瘟疫爆发的时候，国王也在白象面前悔过自责，焚香祈祷白象庇佑。

弥诺国、弥臣国（沿伊洛瓦底江而居的国家）距永昌城西南六十日的路程，都是海边的国家，称呼君长为

寿。弥诺国人面红脸长，弥臣国人面黑脸短。两个国家的人都性格恭顺，谦虚谨慎。每次与别人说话，他们总要向前一步，参拜行礼。弥诺国和弥臣国的王城都没有城郭，弥诺国国王的宫殿中有一根大柱子，用金银宝物装饰；而弥臣国国王的宫殿用木头建造，用石狮子作为房屋四角，盖上盖板，撒上香料。每次国王出行，都要乘象。一般百姓居住在干栏式的楼房里。当地男少女多，无论男女都披婆罗笼。他们喜爱音乐，总是在楼房的两头各安置一面鼓，每次饮酒都要击鼓为乐，男女一起并肩携手，唱歌跳舞，无比快乐。

昆仑国（今缅甸南部）距南诏国南八十一日路程，是与南诏相邻的一个小国。当地盛产大象、青木香、旃檀香、紫檀香、槟榔、琉璃、水晶、蠡杯、犀牛以及各种珍宝。

大秦婆罗门国（今印度一带）与南诏国没有直接接界，距永昌城北、羊苴咩城西四十日的路程。小秦婆罗门国（今印度曼尼坡伊姆发尔以南）与骠国和弥臣国接壤，距永昌城北七十四日路程。当地习俗不食牛肉，传说他们善于卜算，能够预料身后的事情。

夜半国（今伊洛瓦底江一带）在南诏苍望城东北部，与丽水节度的辖区相邻。当地部落崇尚巫术，传说妇人善行巫术，能知吉凶祸福。

女王国（今泰国北部）距离南诏国镇南节度三十多日的路程，离唐朝设置的驩州大约十一日路程，因此，当地居民多与骦州百姓进行商贸交易。

水真腊国、陆真腊国与南诏国镇南节度相接，大致在今天的柬埔寨、老挝一带。

骠国、弥诺国、弥臣国、昆仑国、女王国等国家或者与南诏国接壤，或者与他相邻。南诏王阁罗凤是一位胸怀大志而又心胸开阔的君主，他开放、包容、积极进取而不闭关自守，开拓创新而不固步自封。他在对外交往关系上，与群臣商议，吸取与唐朝和吐蕃结交的经验教训，提出“南诏发展，须亲善近邻，发展邦交，贸易他国，拱卫边疆”。在与周边国家的交往过程中，阁罗凤注重发展良好关系，积极交通外国，尽力为南诏国的发展营造一个和平、稳定的外部环境。

阁罗凤最先交好的国家是骠国，他派遣使者携带礼物拜见骠国国王，提出“愿与骠国友善结好”，从而开创南诏国与骠国在政治、经济和文化艺术等多方面的交往和联系。阁罗凤当政时期，常常有骠国使者到南诏国的河赕一带，他们携带着江猪、白氎（白色的细棉布）以及琉璃等特产来到南诏国售卖，与南诏国进行商业贸易往来。当相关的奏报传到南诏王廷，阁罗凤心中大喜，不禁言道：“惟亲善近邻，互通有无，南诏才能知己知彼，以有易无。”不久，随着南诏国实力的增强，遂征服了骠国，并加以羁制。

同时，南诏国和骠国之间还有文化艺术的交流。据史料记载，在阁罗凤长孙异牟寻当政成为新的南诏王以后，南诏重新归附于唐王朝。贞元十年（公元794年），南诏王异牟寻编制了《奉圣乐舞》，通过剑南节度使韦皋推荐，到唐都长安，在麟德殿向德宗皇帝进献表演。贞元十八年（公元803年），骠国的表演使团在南诏国的带领下也赴长安朝拜。他们为大唐德宗皇帝演奏了《骠国乐》。骠国音乐多为佛教音乐，庄重悦耳，平和舒缓。每当音乐响起，歌唱者双手合十，边吟唱边舞蹈，乐曲与歌声一高一低，相互交融，相互映衬，两两相对，美妙动听，就像是在演唱中国的《柘枝舞》一般。

与骠国交好给了阁罗凤更大的信心。他继续加强与周边国家的交往和联系，与弥诺国、弥臣国、大秦婆罗门国、小婆罗门国等国家的关系都非常友好，交往也十分密切。太和九年（公元835年），阁罗凤的后继者攻破弥臣国，劫掠金银，并将该国的百姓两三千人发往丽水淘金。

而对其他的国家，诸如昆仑国、夜半国、女王国和水真腊、陆真腊等国，阁罗凤曾经以雄心壮志，试图派大军攻伐征服，企图将他们并吞入南诏国的版图，扩张南诏的领土范围。然而，派出的军队或者遭到强烈反抗，或者被波涛汹涌的海水阻隔，只能收兵回朝。阁罗凤征服诸国的夙愿不能实现，他的远大抱负受到挫折，每当想到数次攻克不利，阁罗凤十分失落，他怅然望着崇山峻岭的尽头，心中若有所失，颇有“廉颇老矣”的无奈与不甘。他之后的南诏王也多次攻伐过这些国家，但均无果而终。

在发展与周边国家的友好关系中，应该说阁罗凤功不

巍山古城星拱楼

可没。正是因为阁罗凤的开放、包容、豁达和睿智，他积极交好外国，加强与东南亚、南亚诸国的政治、经济、文化等各个方面的联系，既为南诏国的发展奠定了一个安定和平的外部环境，又在与他国的相互交往和联系中，促进了南诏国政治的稳定、经济的活跃和文化艺术的发展。

同时，阁罗凤又不仅仅满足于这种友好温和的状态。在南诏国国力逐渐增强，势力日渐发展以后，阁罗凤和他的后继者积极推行领土扩张政策，他们毫不犹豫地攻伐那些势力稍小的国家，试图将它们纳入南诏国的领土范围之内，成为南诏国的疆土。

尽管南诏国与周边国家的关系有交好，也有攻伐，但在一次次的交往和冲突中，云南与东南亚、南亚各国之间的联系更加紧密，关系更加密切，为今后加强与这些国家的友好往来，奠定了坚实的基础。

不仅如此，云南在与中原的联系中向中原学习先进文化，在与周边国家的交流中吸纳东南亚、南亚各国的优秀文化，逐渐发展成为文化多元、开放包容、和谐稳定的西南边疆民族地区。

《南诏德化碑》总结了阁罗凤一生的丰功伟绩，赞誉他“气受冲和，德含覆育，才出人右，辩称世雄”。

在承袭南诏大统之后，阁罗凤继承了父辈的基业，修文习武，列尊叙卑。他制定了南诏国的政治制度、军事制度、法律制度和礼仪序列；他重视农业根本，发展农田水利，开垦荒地为良田；疏浚河流、池塘，灌溉田地、园林，推动南诏国经济的迅速发展；他拓东、开南、镇西、宁北建都镇塞，柔服蛮夷，修筑道路，拓展疆土，使边疆少数民族归附南诏，心悦诚服。

阁罗凤是一位高瞻远瞩、务实开放的君主。他积极学习汉文化，制定了南诏国的政治制度；完善军制，夯实南诏国的军事实力；重视农业，增强南诏国的经济实力；拓土开疆，扩展南诏国的疆土区域；柔服蛮夷，统治管理少数民族；结交外国，发展睦邻友好关系。阁罗凤开创了南诏的盛世时期。在他统治南诏期间，南诏国的政治、社会经济、文化、军事、艺术等各个方面有了迅速的发展，洱海地区逐渐成为云南的政治、经济和文化中心。

应该说，阁罗凤开创了云南发展的新纪元，开创了南诏盛世。他奠定了云南的版图雏形，推动了云南的社会经济，促进了云南的各少数民族的团结与和谐，发展了与东南亚、南亚各国的友好关系。

更为可贵的是，在阁罗凤的内心深处，他对于以汉文化为核心的中华民族优秀文化的认同。他将这种认同付诸行动，立碑太和城，阐明“不得已而叛唐”的原因，将重新归附大唐中央王朝的希望寄托在子孙后辈身上。他在祖国的西南边疆开创了一个实力强大、民族和谐、稳定统一的地方民族政权，推动了云南的进步和发展，为后世中央王朝在云南设立行省创造了条件，为后来云南的稳定和发展奠定了坚实的基础。

尾声：寻梦巍宝山

唐代宗大历十四年（公元779年），阁罗凤逝世。临终之际，由于长子凤伽异英年早逝，他传位于长孙异牟寻，并嘱托说："尽心完成祖父遗愿，重新归附大唐。学习汉唐文化，全力治理南诏。"这位南诏国的传奇君主走完了他六十七年传奇、.不凡、辉煌、灿烂的人生历程。

按照南诏国"蒙舍及诸乌蛮不墓葬"的丧葬习俗，阁罗凤在逝世后三日被火葬，焚化的骨灰被掩埋在深深的土壤之下，唯将两只耳朵贮藏在金瓶之内，把金瓶放置在银匣里，深藏在其他地方，四时奉出，供子孙祭祀。

不久，异牟寻继承南诏王位，成为新一任南诏王。

巍宝山

岁月匆匆，我们的耳畔似乎还回荡着天宝战争时金戈铁马的声音，我们的眼前似乎还浮现着南诏国王阁罗凤手持铎鞘，挥戈东进，修筑道路，镇塞黑嘴之乡时高大而英武的身影。转瞬之间，数千年时间已经流逝。

如今的云南，早已不是昔日的模样。滇池之畔的拓东城已经发展成为春城昆明，它是云南省的省会城市，是云南省的政治、经济、文化中心；高楼林立，街道繁华，灯火绚烂，繁花似锦，洋溢着现代都市的气息，富有青春的灵动和活力。

昔日的南诏王都羊苴咩城屹立在苍洱之间，在千百余年历史的积淀中，在苍洱灵气的孕育下，发展成为历史文献名邦——大理古城。

文献名邦——大理

古城大理，有苍山十九峰的巍峨雄壮，峰峦叠翠；有洱海十八溪的碧水悠悠，灵动自然；有风花雪月的美丽风光，怡然自得；更有数千年历史文化的层层凝集与古朴厚重。

即使沧海桑田，几千年已经过去，但大唐天宝将士的万人冢遗址，斜阳峰下的将军洞、龙尾关、龙首关、南诏德化碑以及古城那斑驳却坚实的城墙，仍然见证和诉说着那段史诗般的传奇历史。

古城大理充满了神奇与浪漫的色彩，吸引了无数中外游客慕名而来，他们在历史与现代感交错融合的巷道阡陌间流连忘返，沉醉于苍山洱海、风花雪月的自在怡然之中。南诏王都，真不愧是风花雪月，自在大理！

当年曾经为吐蕃王朝版图的铁桥上下的大片疆域，早已在政区规划中划入云南省的范围，成为迪庆藏族自治州。神秘的香格里拉、美丽的普达措国家公园、神圣的松赞林寺、圣洁的梅里雪山，以及迪庆纯净湛蓝的天空、藏

巍山古城拱辰门

族独有的文化和艺术，成为云南西北边疆一道独特的风景线，让无数游人心心念念，趋之若鹜。

曾经开南节度、丽水节度管辖的领域疆土，是今日的普洱和西双版纳傣族自治州。曾经的金齿蛮、银齿蛮、黑齿蛮、绣脚蛮、绣面蛮、望苴子蛮等族类在漫长的历史过程中，经过冲突与融合，形成了傣族、拉祜族、哈尼族等少数民族。这里拥有亚热带的自然风光，这里充满了浓郁的民族风情。妙曼普洱，养生天堂。呼吸一口清新的空气，饮上一壶沉香的普洱茶，在养生的时候放松自己，在回味的同时领悟人生。瑰丽版纳，多情绚丽。月光之下，凤尾竹边，芦笛声声，情歌不断。在这里，可以领略美丽的自然风光；在这里，可以感受少数民族独有的风情；在这里，可以寻求身体的舒适与放松；在这里，可以寻觅心灵的率真和宁静。

而昔日的镇西城也早已发生了日新月异的变化。德宏傣族景颇族自治州瑞丽市屹立在云南的西南边陲，毗邻缅甸国家级口岸城市木姐。这里地势平坦、气候怡人、交通便捷、商贸繁荣，已经发展成为云南省西南一座美丽的口岸城市，是国际性的交通枢纽和我国大西南通往南亚、东南亚的金大门。这里古榕垂须、金塔映日、胶林滴翠、绿竹婆娑，充满了神秘多彩的异域风光和民族风情；这里交通便捷、商贸发展，已然成为云南风光秀美、经济发达、商贸繁荣的口岸城市。

今天，云南飞速发展，昔日的拓东城、开南城、镇西城和宁北城，已经发展成为今日的昆明、大理、香格里拉、普洱、西双版纳、瑞丽等风格各异的城市，他们或者是云南的省会，或者是交通枢纽，或者是历史名城，或者是边疆重镇，或者经济发达，或者历史悠久，或者风光怡人，或者风情独特。

总之，它们都各自代表了云南省的一个方面，展示了云南省的一个特点。面对云南日新月异的变化，我们不得不感慨万千。

然而，我们在感叹云南发展的同时，不能不回顾云南的历史。而在重温云南悠久灿烂的历史的时候，不能不想起南诏这一个云南历史上的辉煌时期，不能不赞叹南诏王阁罗凤在云南发展史上的丰功伟绩。

南诏是唐代祖国西南边疆的地方民族政权。他的建立和发展，对于祖国的统一、民族的团结以及西南边疆地区的开发，无疑起到了巨大的推动作用。阁罗凤是南诏国最有作为的君王之一。正是因为阁罗凤开放包容、积极进取的心态，他在统治南诏国的时期积极学习先进的汉文化，创设了南诏国的政治、经济、军事制度；拓东、开南、镇西、宁北，拓展云南疆土，稳定西南边疆；数次移民，带动云南西部社会经济的快速发展；因地制宜，柔服少数民族，推动云南民族的和睦与团结；交好邻国，营造云南发展的良好外部环境。这一切不仅促进了云南社会经济、文化等各方面的全面发展，而且奠定了坚实的政治、经济、文化基础，形成了今日云南的发展格局，也沉

巍宝山上的石牌坊

淀了云南文化的独有特点：团结、奋进、稳定、和谐；开放、包容、淳朴、和善。

南诏起源于原先洱海六诏之一的蒙舍诏。蒙舍诏的故地在巍山，即今日的巍山彝族回族自治县。不仅如此，巍山还是阁罗凤出生、成长的地方。他曾在那儿的溪水中捉鱼嬉戏，茁壮成长；他曾在那儿读书学习，入伍为兵；他最终告别了故乡，和父亲一起角逐洱海，建立南诏国，逐渐成为一代南诏诏主、云南王者。我总是在想，是怎样的水土孕育了这么一位南诏王，成就了他刚毅、豁达、开明、包容的个性，促使他推动南诏的飞速发展，促进云南的进步。

我漫步在太和城遗址，细细推敲《南诏德化碑》，徘徊在大理古城的阡陌巷道。最后，来到古城巍山，我想要找寻答案。

南诏古城古朴而神奇，历经千年，至今犹在，是国家级历史文化名城，是云南省四个“文献名邦”之一，是南诏（蒙舍诏）的发祥地，留下了许许多多南诏的遗迹和历史。

每一个清晨，南诏古城在小鸟的啁啾声中悠悠醒

巍山古城的古街道

来。一棵棵苍翠的古树在晨钟中缓缓苏醒，带着历史的沧桑，带着闲适的慵懒；一朵朵幽兰含芳吐蕊，清香扑鼻；一扇扇店铺的大门被开启，一种种小吃被精心制作，送给客人。整座古城苏醒了，迎接全新的一天。

古城巍山安宁、幽静、古老、纯朴。由于凝聚了南诏国时期深厚的文化积淀，古城充满了历史的古朴和亲和。不仅如此，历史层积，造就了巍山彝族回族自治县丰富多彩的民族文化，文物古迹荟萃，风景名胜众多。有巍宝山、巍山古城、玄龙寺、圆觉寺、㟙屽图城、云隐寺、陈异叔石棺、慧明寺、东山蒙化灵泉、鸟道雄关、五印山等等。

巍宝山上至今还保留着南诏时期建造的土主庙。据

巍宝山南诏土主庙

历史记载，南诏国第三代国王盛罗皮为了纪念其祖父细奴罗，于唐开元二年（公元714年）上书唐玄宗皇帝，请求在巍宝山为其祖父细奴罗塑像建庙。唐玄宗准许了盛罗皮的请求，赐封细奴罗为巍宝山巡山大土主，并下令建造庙宇，享受香火供奉。

南诏土主庙俗称巡山殿，至今仍供奉着细奴罗及其妻三公主的塑像。不仅如此，政府还投资扩建，把土主庙建成占地一千六百平方米、二进三院的宏大规模，塑造了南诏十三代王的塑像。

在土主庙大殿内保留着两副对联，总结了南诏近三百余年辉煌的历史。一副是清代郡人童玉耽题写的“宝岫著仙踪，想当年玉杖频敲十三代，相承霸业；名山开胜景，幸此日音容宛在千万载，咸仰神威”。

另一副是民国时期郡人李汝珍撰写的“问南诏五百里山河，寸土皆非，归来佛地洞天，不忘昔日耕耘处；与李唐十三传始终，雄图何在，似此闲云野鹤，遂获当年崖穴心”。

而在正殿的两侧分别修建了两座偏殿，塑造了南诏历代诏主的塑像。之前，我曾在内心深处无数次想象阁罗凤这位开创南诏盛世，在云南发展史上功不可没的南诏君主会是什么样子。我想，他一定是高大英武而又温文尔雅，英气之间必定透出书卷气息。阁罗凤是南诏国的第五代诏主，他的塑像英武伟岸，温和中蕴藏威严，刚毅中透着豁达。他的视线专注而有神，似乎正在思索南诏国的发展良策，又似乎在回顾着自己传奇而辉煌的一生。他对南诏的发展影响巨大，对云南的发展也影响巨大，他的身上凝聚了云南的精神：开放、和谐、包容、和善、务实、内敛、勤奋、团结。

在偏殿门外，有鹤庆马耳山人赵椿为阁罗凤撰写的一副对联：“大蒙启巍山，并六诏、连诸爨、破吐蕃、筑太和，蒙氏开基膺兆瑞；雄文碑德化，陈奇冤、祭征魂、申忠恳、存恩旧，贞元盟会庆归唐。”这副对联平实而质朴，却又深刻精确地总结了阁罗凤一生的功绩和成就。

漫步在南诏古城，感受他的宁静与和善；停留在南诏土主庙前，凝视着南诏十三代诏王，凝视着开创了云南发展新纪元的南诏王阁罗凤，不得不让我们的内心深处充满了感悟与敬仰！看到巡山殿的雄伟，在巍山幽远宁静的巷道中漫步，感叹巄岍图城遗留的历史痕迹，聆听动听的南诏古乐，触摸南诏古城历经岁月侵蚀的城墙，时间的齿轮慢慢拨回到千年以前的南诏国，历史的影像一幕幕流淌，演绎着当年的故事，讲述着当年的传奇，我们似乎又看到阁罗凤策马扬鞭，带领士兵攻克五诏时的场景，又看到他为申诉冤屈在夜下独立的身影，又听到他发展南诏的豪言壮语，看到他踌躇满志、意气勃发的神情……我们沉浸在当年那一段辉煌的历史中，感慨这位传奇而又睿智的诏王，在回忆的片段与时光的交错中触碰历史，探寻往昔而久久不愿醒来。

参考书目

1. 〔美〕查尔斯·巴克斯著，林超民译：《南诏国与唐代的西南边疆》，昆明：云南人民出版社，1988 年。

2. 大理州文联编：《大理古佚书钞》，昆明：云南人民出版社，2001 年。

3. 方国瑜主编：《云南史料丛刊》第一、二、四卷，昆明：云南大学出版社，1998 年。

4. 〔唐〕樊绰撰，向达原校，木芹补注：《云南志补注》，昆明：云南人民出版社，1995 年。

5. 〔清〕康熙《剑川州志》。

6. 赵鸿昌辑著：《南诏编年史稿》，昆明：云南人民出版社，1994 年。

7. 字绍华，字开春编著：《独有巍山》，昆明：云南民族出版社，2006 年。